2か月でみるみる変わる!
できる親子コミュニケーション

59の習慣

NPO法人スポーツクラブナイス 理事長
岡本 真

はじめに

保育園や幼稚園、私が運営するサッカースクールの子どもたちは、私を見ると即座に駆け寄ってきます。

「おかっちー！　遊んで！」

自宅が保育園だったことから、私はずっと小さな子どもたちと接してきました。高校、大学と、寮生活のため実家を離れはしましたが、それでも私の人生の大半は、子どもたちとの触れ合いです。

「いつも笑顔ですね」と言われます。そのたびに、私の笑顔の原点である母、笑子のことを思い出します。今なお現役の保育士である母から、知らず知らずのうちに教わった笑顔の大切さを、もっと多くの人に伝えていきたいと思っています。

子どもたちは私を「おかっち」と呼び、私がいると必ず話しかけ、遊びに誘います。みんな瞳がキラキラと輝いていて、夢や希望にあふれています。子どもに無限の可能性を感じる瞬間です。

子育ては「ほめて育てる」手法が主流となっています。書店の育児コーナーに並ぶ本は、タイトルのほとんどが「ほめて育てる」「ほめて伸ばす」。誰だってほめられればうれしいです。もっと頑張ろうと思うでしょう。しかし、その「ほめて育てる」を実践しているはずなのに、お母さんたちの子育ての悩みは一向に減らないのが現実です。

「ほめてやっても、上手くできない」

「言うことを聞いてくれない」

「ゲームばかりしている」

この本では「ほめる」を「誉める」と表記します。理由は最後にお話しします。これから、誉めるということの本当の意味と役割について知り、子どもたちとの絆を深めていただきたいのです。子どものためを思ってやっていることが、実はマイナスに作用しているという実例は意外に多いもの。昨夜の叱り方、今朝のあいさつの仕方。ちょっと工夫するだけで、子どもは理解し、成長していくのです。

親子関係に限らず、「コミュニケーション」なしには成り立たないのが世の中です。この本で、子どもと一緒に本物のコミュニケーションを身に付けてください。親子関係は劇的に変わります。子どもが本来持っている、天性の才能が見えてきます。

1日1つの「習慣」で、子どもが輝く親子コミュニケーションを築いていきます。

さあ、さっそく1つ目の習慣に取り組んでみましょう。最初は、お母さんが頭を悩ませる、あの問題からです。

装幀／堀行丈治
構成・編集／ぷるぼん企画室
イラスト／田中ようへー

2か月でみるみる変わる！
できる親子コミュニケーション59の習慣

習慣 1

子どもからの問いかけは、○○の証しだと考えよう！

「ねぇ聞いて！」「なんで？　どうして？」「遊んで」

次々と話しかけてくる子どもたち。言葉という道具を手に入れた子どもは、最強です。家事や仕事に忙しい親のことなどおかまいなしで、疑問をどんどんぶつけてきます。親にとっては些細《ささい》な、当たり前のようなことでも、まだ数年しか生きていない子どもには世紀の大発見！「聞いて聞いて！」「見て見て」は、まだかわいいほう。どうしても見せたいものがあると、親の手を引いて連れて行ったりします。そして、当然ここでも「なぜなぜ」攻撃を続けてくるのが子どもたちです。

「まんま」「ぶーぶー」といった幼児語1つに手放しで喜んだ頃があったのに、いつの間にか子どもの問いかけを疎《うと》ましく思うようになっていませんか。最初はきちんと答えていたはずの質問に、「はいはい、あとでね」なんて返していませんか。これらの面倒

な問いかけが、実は「子どもは天才」の理由。この言葉こそ、子どもの「学びたい」「学ぼう」というサインなのです。

「どうして影がついてくるの？」

幼い子どもは、自分にくっついて同じように動く影に驚き、純粋に疑問を持ちます。そこで何も思わないほうがおかしいのです。質問をしないほうが問題なのです。

うんざりするほどの問いかけが始まったら、私はいつも「子どもはみな生まれつきの天才」だなと思います。そんな子どもをさらに伸ばすのも、そのままにしてしまうのも、もっとも近い存在である親次第。

子どもが目を輝かせ、「聞いて！」「どうして？」「遊んで」と近寄ってきたときこそ、「子どもの才能を伸ばす最大のチャンス！」と思って返事をしてあげる習慣をつけましょう。

おかっちキーワード

子どもは生まれつきの天才！

習慣 2

保育士さんの小ワザを見習おう！

言葉を操《あやつ》るようになった子どもたちは、とにかくしゃべり続けます。「うちの子は1分でさえ黙っていない」「朝起きてから寝るまでしゃべっている」などと、よく耳にします。「静かにしなさい」「お口を閉じて」なんて言っても、聞き入れてもらえません。そう、それが子どもなのです。いつもにぎやかなのが保育園、静かなところはありません。

子どもは、自分がしゃべることで相手が反応するのがうれしいのです。相手の表情や言葉に変化があるのがおもしろいのです。注目してほしいと思っているのですから、話しかけてきたら生返事をせずに子どもと向き合い、しっかり目を見て答えてあげましょう。このとき、顔だけ向けたり、首だけ動かしたりするのではなく、体全体がきちんと子どもに向いていることが大切です。その姿を見た子どもは、「聞いてもらえる」「うれしい」と感じ、それが「自分も聞こうかな」「聞くって大事なんだな」と学ぶ過程につながっていきます。

　私が生まれ育った尾道市のママ保育園でも、子どもたちが保育士に矢継ぎ早に話しかけるのが日常茶飯事。多くの子どもたちの問いに答える時間がない場合、保育士は必ず「後で聞くね」と返事をします。どんな些細なことでも後からきちんと声をかけることが、「信頼関係」につながるのです。それは、家庭でも同じこと。子どもは、場の雰囲気や相手の状況を読み取ることができません。自分の欲求のままに言葉を発し、それが家庭内にどんな影響を及ぼしているかなんて考えません。大事なのは、「子どもは話すのが大好き」と理解すること。大好きなことを自由にさせて、しっかり聞いてあげましょう。そうすれば、子どもも「聞く」「静かに聞く」ことの大切さが分かってきます。そして、場の雰囲気を読む、集団の中で静かにするということも、少しずつ身に付いていくのです。

おかっちキーワード

子どもは「聞いて星人」

習慣3 子どもの要求を断らない方法

私は、あちこちの保育園の依頼を受け、ボール運動の指導をしています。また、誰でも参加できるイベントや講演会、ボール運動教室などで、たくさんの子どもたちと接しています。週に3～4回練習するサッカークラブでは、開始前から子どもたちが私に駆け寄ってきます。

そんな日常の中で、私が常に心に留めていることがあります。それは、子どもが「遊ぼう」「おかっち、聞いて」と言ってきた瞬間を大事にする、ということです。幼い子どもは、場の雰囲気や相手の状況なんておかまいなし。300人を超す親子が集うイベントでも、ほんの少しのつなぎの時間に、平気で「遊ぼう」「遊んで」と私に言ってきます。時間なんてありませんし、スケジュールは押し気味です。それでも私は、決して断りません。例えばその場で、瞬時に広げた手にタッチするというゲームを、子ども全員でやります。それがたった30秒でもいいのです。「遊ぼうと言っ

たら、おかっちは絶対に遊んでくれる」と、子どもが思ってくれたらいいのです。その後で「ごめん、時間がないから、続きは後でな」と言うと、「えー」とか「もう終わり？」とか言いながらも、子どもは納得します。「おかっちのところに行ったら遊んでもらえる」という事実は変わりません。

私を見ると「おかっちー」と叫んで駆け寄ってくる子どもの姿や、別れ際に「もう終わり？」と子どもに言われることが、私の最大の喜びです。いつでもどんなときも子どもたちの要求に応えられるよう、体力作りに努めたり、コミュニケーションの手法を磨いたりしています。

子どもたちが成長したとき、「おかっちはよく遊んでくれた」と、ふと思い出してくれたらいいな。そんなことを思いながら、子どもたちに負けないよう日々頑張っています。

「チルドレンファースト」という言葉があります。「子どもが主役」という意味です。難しいことではありません。大事なのは、子どもの誘いを断らないこと。「遊んで」という話しかけこそ最大のコミュニケーションのチャンスと受け止め、面倒だと思わずに少しでも時間を作ってあげましょう。

たった30秒で、子どもの信頼が獲得できるのです。子どもに、「また会いたい」「また遊びたい」と思ってもらえる大人でいたいですね。

おかっちキーワード

「遊ぼう」って言ってきたら、こっちのもの

習慣4

子どもの特別な日に忘れてはいけないこととは?

子どもが笑ったり楽しそうに遊んだりする姿を見ることこそ、親にとって何にも代えがたい喜びでしょう。事実、私もそうでした。わが子と離れて生活している今なお、その気持ちは変わりません。

では、子どもはどんなときに楽しいと感じるのでしょう。どんなときに最高の笑顔を見せるのでしょう。

運動会、大好きな習い事、誕生日会、遊びに熱中しているとき、仲の良いお友達とおしゃべりをしているときなど、いろんなシーンが目に浮かんできますね。体を動かしているとき、誉められたとき、注目されているとき……子どもはただ単純にうれしいのです。うれしくて、キラキラ輝いているのです。

例えば、保育園や幼稚園で子どもたちが一番楽しみにしている「運動会」。親のほかに、遠方に住むおじいちゃんおばあちゃんまでやってきて、子どもの晴れ舞台を精一杯応援します。この日ばかりは、運動が苦手な子どもの顔もキラキラ。少しでもいいところを見せようと頑張ります。

なぜ、子どもたちは頑張るのでしょう。それは、「しっかり観てもらえる」と分かっているからです。親の元へ帰れば「よく頑張ったね」と誉めてもらえるからです。そして何より、「体を動かすこと」が、ただ楽しいからです。

大きなイベントや行事のような特別の日でなくても、子どもが輝けるシーンは多々あります。そのシーンを、親が家庭内で作り出すことは可能です。簡単なお手伝いをさせて「できた」「役に立てた」と思わせること、習い事の上達を誉めてあげること、子どもの得意なキャッチボールに付き合うこと……。些細な出来事でも、注目され誉めてもらうことで、子どもたちはどんどん輝きます。

私たち大人が、子どもたちの輝く場面をもっと作り出してあげましょう。そこで、子どもの新たな才能や可能性に気付くかもしれません。知らなかった一面を知ることができるかもしれません。キラキラする瞬間をたくさん作ってあげることが、子どもを理解し、伸ばすことにつながっていくのです。

おかっちキーワード

わが子の「キラキラ」を作ってあげよう

習慣5 決して振り回されてはいけないものとは？

「うちの子は背が低くて……」「まだひらがなが読めないの……」
情報があふれる現代。「平均」という数値や言葉が、子育て中の親の神経を過敏にします。子どもは、生まれる前に「平均体重」「平均身長」と比較され、生まれた直後から母子手帳の「発育曲線」と比べられます。親は、ネットの情報や育児本、子育て情報誌に左右されます。

親が育児本の平均数値とわが子の数値を比べてばかりで、子どもの日々の成長に全く気付いていないのは問題です。平均に近付いたと喜ぶのではなく、平均に近付く過程の、日々の変化こそが喜びのはず。積み木がいくつ積めるかではなく、積めるようになった子どもの成長や努力を喜んであげましょう。

幼い子どもが成長し、小学校へ入学すれば、今度は「成績」が数字となってはっきり表れます。するとよけいに、親は数字に目を奪われます。そういうときこそ、親は子どもの行動をよく気にかけるべきです。数字で判断するのではなく、過程を見守りましょう。子どもが失敗をしたとしても、そこからどう反省して次に生かすのかをアドバイスするのが、親の役目。「100点。良かったね」ではなく、「昨日遅くまで頑張ったから良い結果が出たんだね」と声をかけられる親でいたいですね。そうすれば、仮に良くない結果だったとしても、「どうしてこんなに悪い点数なの」とつめ寄らずに、具体的に励ましの言葉をかけられるでしょう。いいときもあれば悪いときもあります。どんな状況でも、子どもの様子を見ていることが何より大事なのです。

おかっちキーワード

数字を見ないで子どもを見よう

習慣6 気付いたときが始めるときです！

ここまで読んでもらうと、どんなときに子どもが輝いていたか思い出す人も多いでしょう。

「あんなことをさせたい」「こういう言葉をかけてみよう」というイメージも膨らみます。その思いや行動を効果的にするために、子どもの特徴を熟知しておきましょう。きっと、今よりもっともっと輝いてくれますよ。

子どもの発育・発達について、図の「スキャモンの発育曲線」がよく知られています。20歳を１００とした、体の器官の発育増加率を表したものです。

この中で注目すべきは「神経系」の推移です。神経系統は生まれてから5歳ぐらいまでの間に約80％の成長を遂げ、12歳頃までにほぼ１００％、成人と同じレベルに達します。神経系の器官は、一度経路が作られると簡単には消えません。子ども

スキャモンの発育曲線

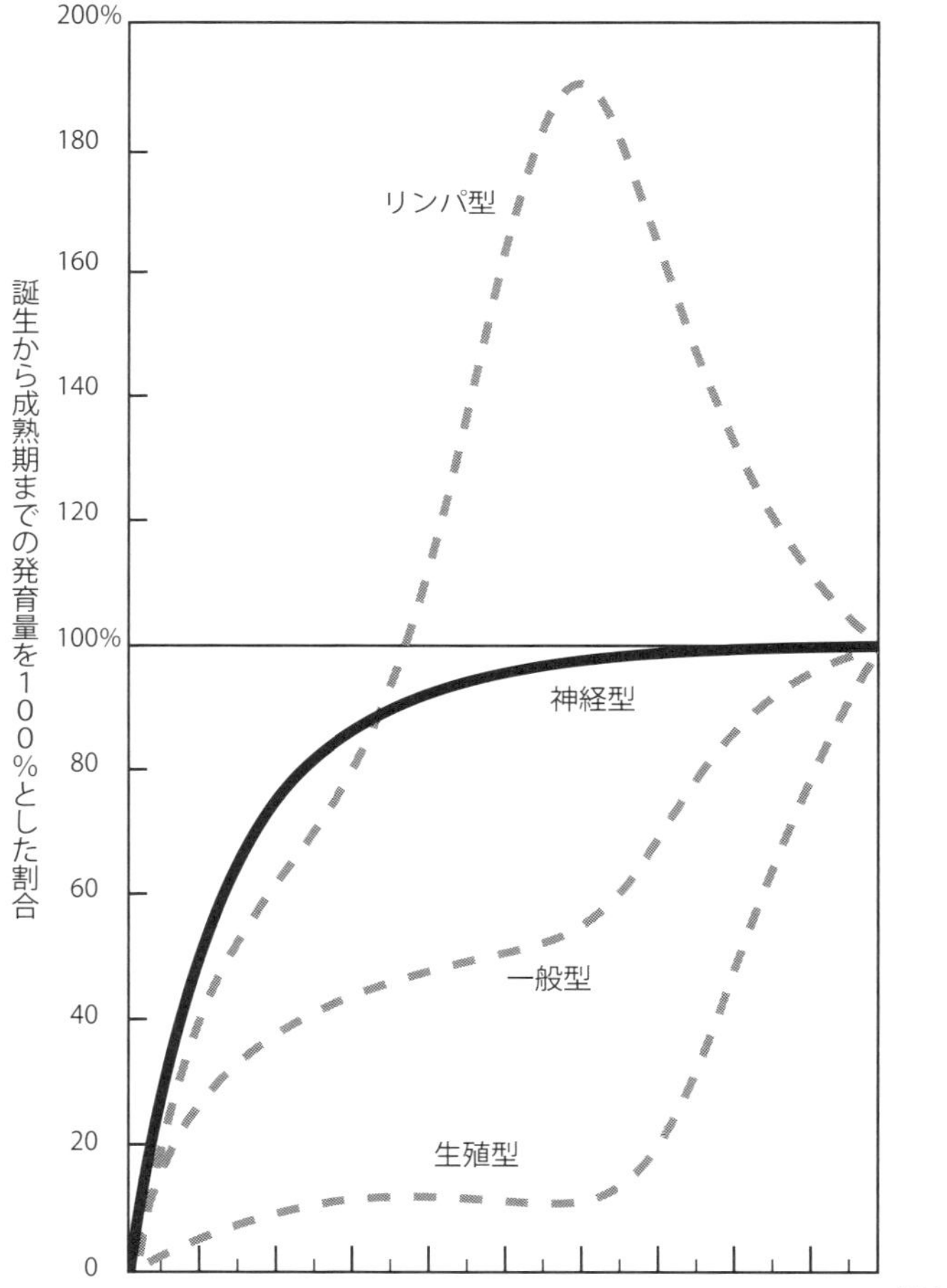

200%
180
160
140
120
100%
80
60
40
20
0
誕生から成熟期までの発育量を１００%とした割合
リンパ型
神経型
一般型
生殖型
0
2
4
6
8
10
12
14
16
18
20(歳)

の頃に乗りこなせるようになった自転車に、ブランクが何年あってもすぐに乗れるというのは、神経系の発達の典型的な例です。

つまり、順応性や器用さといった神経系の働きが優先する分野は、12歳頃までにほぼでき上がってしまうということなのです。発育増加率が１００％に達する10歳から12歳の頃は、子どもの成長にとって最も重要な時期で、「ゴールデンエイジ」と呼ばれます。

この頃になると神経系の発達がほぼ完成に近付くと同時に、身体の成長も徐々に安定してきます。動作の習得が早くなり、なおかつ神経系の柔軟性も残しているという、特殊な時期。あらゆる運動系の動作において、見て真似しようと思ったことがすぐに身に付く「即座の習得」を可能にします。

この時期には、次のような特徴が挙げられます。

・問題解決能力が高まる
・善悪の判断が付くようになる

・集中力が持続する
・集団行動ができるようになる
・見た動きをすぐに真似できる（即座の習得）

ゴールデンエイジは、一生に一度しか訪れません。このゴールデンエイジを価値あるもの、輝かしい時間にするために、今から親子で取り組んでみませんか？　決して「遅すぎる」ということはありません。気付いた今が、変わるチャンスです。

おかっちキーワード

親子で今をつかもう

習慣7 5歳以下の子どもの特徴を知っておこう

10歳から12歳を「ゴールデンエイジ」と呼びます。
この輝かしい時期を充実させるために大切なのが、5歳から9歳までの「プレ・ゴールデンエイジ」と、0歳から5歳までの「プラチナエイジ」です。

先ほどのスキャモンの発育曲線を見ると、神経系の発育は10歳から12歳のピークを迎える前に、急激な上昇ラインを描いています。5歳までで、実に80％も成長するのです。生まれてから5歳頃までの発育をサポートしてあげることで、ゴールデンエイジでの「即座の習得」が、格段に早くなります。この5歳までの時期を、プラチナエイジと呼んでいます。では、プラチナエイジの子どもたちに接するとき、どんなことに気を付ければよいのでしょうか？

子どもは、体を動かす遊びが大好き。その遊びの中に、脳を働かせる工夫を取り入れてみましょう。プラチナエイジの子どもたちは、言葉の意味が分からなくても、親のすることをしっかりと見て、聞いています。遊びの最中に「いくよー」とか「いちにのさーん」と言葉をかけたり、グーやパーなど指でサインを出したりして、視覚と聴覚も刺激してあげましょう。手足や体を動かす方向を前後左右上下と広げて、遊び道具の種類を増やして多面的な運動をさせ、「脳が働く」工夫を取り入れるのです。

この年代の子どもはとにかく質問をしたがりますが、答えを理解する能力は高くありません。「良かったよ」とか、「それはダメ」といった漠然とした返答ではなく、「何がどう良かったのか」「何がどういう理由でダメなのか」を示してあげましょう。親子の会話を具体的にしていくことが、ロジカル（論理的）な思考とコミュニケーションの第一歩です。

幼少期の成長度合いには個人差があり、千差万別。他の子どもと比べるのは無意味です。ここに挙げた年代別特徴も、絶対視はせずに平均的な傾向として理解してください。「他の子どもと比べない」ことが大切です。

5歳以下の子どもの特徴

- 好奇心が旺盛
- あらゆることに疑問を持つ
- 具体的な言葉しか理解できない
- 自己主張が活発
- 誉められることで大きく成長する
- 発育発達の個人差が大きい
- 体を動かすことが大好き
- 近くの大人に認められたい
- 真似をしたい

おかっちキーワード

子どもにとって無駄な運動などない

習慣8

集中力のない子ども　本当の意味とは？

5歳から9歳までは神経系の発達途上で、体内に神経回路が張りめぐらされていく時期です。これを「プレ・ゴールデンエイジ」と呼びます。

この年代の子どもたちは集中力が続かず、常に新しいものに興味が移ります。これは、神経回路にさまざまな刺激を与えたいという自然な欲求からきているもの。ですから、「集中力がない」のではなく、「非常に高い集中力のまま、多種多様の刺激を求めている」と言い換えることができます。

その集中力を利用し、飽きさせない手法として、多彩な運動に「遊び」を取り入れるのが効果的です。小学校のわずかな休憩時間でも校庭で遊ぶ年代の子どもたちですから、コミュニケーションの中に身体運動やボール運動を取り入れると、親子の距離が一段と近くなります。

また、誉められることを特に意識する時期でもありますから、とりわけ「できなかったことが、できるようになった」ことを誉めてあげてください。日頃から子どもの行動をしっかりと観て、小さな変化や成長に気付いてあげましょう。些細なことでも、成長が見られたときに誉めてあげることが、子どもにとって大きな成功体験となるのです。

この年代の子どもの特徴

・集中力の持続時間が徐々に長くなってくる
・集団行動に関心が出てくる。仲間を意識するようになる
・非常によく動き回る
・誉められるのが大好き
・スポーツヒーロー、ヒロインの存在が重要になってくる
・ペース配分という考え方が発達し始める

・家族以外の大人の存在も重要になってくる
・運動を通じて「思考」と「行動」が発達する

おかっちキーワード

遊びだって運動だ!

習慣 9 子どもの黄金期を逃さない考え方

習慣7と8で述べたように、「ゴールデンエイジ」を迎える前の各年代で、さまざまな特徴があります。これらを理解し、子どもにとって最善の遊びや学びを選択してあげることで、神経回路の発達や身体的な発育が促《うなが》されます。それはゴールデンエイジを迎える子どもが大きく飛躍するための、重要な種まきとなるのです。

10歳から12歳のゴールデンエイジでは、神経系の発達がほぼ完成に近付くと同時に、身体の成長も徐々に安定してきます。動作の習得が早くなり、なおかつ神経系の柔軟性も残しているという、特殊な時期。「即座の習得」が可能になります。

この即座の習得は、ゴールデンエイジを迎えるまでにさまざまな運動や思考を経験するほど、顕著《けんちょ》に現れます。先に述べたプラチナエイジ、プレ・ゴールデンエイジの時期に、多種多様の運動、知的体験をすることで神経回路が発達し、10歳以降の成長を後押しすることになるのです。

ゴールデンエイジの子どもの特徴

・問題解決能力が発揮されるようになる
・親と過ごす時間が減り、友達と過ごす時間が多くなる
・モラルの概念ができ、善悪の判断が付くようになる
・誉められた経験が、伸びる要因となる
・運動に対する集中持続時間が長くなる
・集団生活ができるようになる
・動きを真似してすぐに実践できる
・「こんな人になりたい」という、あこがれの存在が大きくなる

おかっちキーワード

すべての経験が子どもを成長させる

習慣10 子どもが今まさに黄金期（10歳～12歳）だとしたら……

この本を手にしたお母さんや指導者の方々の中には、子どもがすでに「ゴールデンエイジ」を迎えている人も少なくないでしょう。

私はここまで、「充実したゴールデンエイジを迎えるためには、プラチナエイジやプレ・ゴールデンエイジの過ごし方が大切」と話してきました。9歳までに、親として、指導者として無策だったとしたら、もう子どもを伸ばしてやれないのでしょうか？　いいえ、そんなことはありません。

私が理事長を務めるスポーツクラブ「ＮＩＣＥ」のサッカースクールに入団した、ある男の子のお話です。彼は小学2年生のとき、監督やコーチに叱られたことが原因でサッカーを辞め、以後は何の運動もせずに過ごしていました。5年生で私のスクールにやってきて、トレーニングを通じてボール運動の楽しさを初めて知ってからは、サッカーにも熱が入るようになりました。7歳頃から11歳までのプレ・ゴールデンエイジのブランクはあったものの、ゴールデンエイジに「脳が発達する運動」に出合えたことで、サッカーの技術も向上。彼は後に、地元強豪校のサッカー部キャプテンとしてチームを県ベスト8にまでけん引した立役者となりました。現在は、私のスクールでコーチを務めてくれています。

彼のようなケースは、決して特殊ではありません。小学5年生からでも、「まだ間に合う」のです。スキャモンの発育曲線の話に戻りますが、神経経路の発達が100%になるのは12歳頃。10歳~12歳のゴールデンエイジ期間に、徐々に完成に近付いていくのです。この時期の子どもに対して適切な指導をすれば、成長度合いの伸びしろが大きくなっていきます。

子育てに「もう遅い」はありません。気付いたそのときから、子どもとしっかり向き合い、目を合わせましょう。よく観て、成長を感じたら誉めてあげましょう。親が思っている以上に、子どもは可能性を持っています。そう、「生まれつきの天才」なのですから。

おかっちキーワード

子育てに「もう遅い」はない！

習慣11

できる親が考えるコミュニケーションとは？

①目と目を合わせよう

「子どもとコミュニケーションを取っていますか」

さて、あなたはどうでしょう。

「朝は声をかけて送り出し、帰ったら、まずうがい手洗いしてねと言う」

「たまには自分からお手伝いしてくれます」

「夕食のときは会話がはずんでいるかな」

この機会に、普段子どもとどう向き合っているか、どれだけの時間にどう関わり、どう接しているか、改めて振り返ってみましょう。

例えば、「家族団らん」と言われる時間は、家族で何をして過ごしていますか。

「週末の夜は、リビングでみんなでくつろいでいます」と聞けば、家族間コミュニケーションの絶好の機会になっていそうですが、そこで子どもとどう過ごしているか

同じ場所にいても目が合っていません

が問題です。

――仕事から帰ったお父さんは、リビング中央の一番いい席で野球中継に釘付け。家事が一段落したお母さんは、ソファに座ってメールの返事に大忙し。子どもたちは、顔も上げずに対戦型ゲームに熱中――

リビングに集う家族の、ありがちな光景です。この家族は、誰とも視線が合っていません。同じ空間にいながら、お父さんの目はテレビ画面に、お母さんの目はスマホに、子どもたちの目は小さな

同じことをしていても目が合っていません

ゲーム機に向いていて、交差することがないのです。

「うちは家族全員でテレビを見ています」「ときどき子どもと一緒にテレビゲームをします」という家庭もあるでしょう。では、同じ画面を見て、同じ経験をしていたらいいのでしょうか？　ときには「すごい！」とか「上手だなぁ」などと口にすることはあるでしょうが、画面に向かって言葉を発しているだけで、交差はしません。視線や言葉が絡み合わないところに、コミュニケーションは生まれないのです。「子どもと同じ場所で同じ時間を過ごせばコミュニケーションが取れている」と、勘違いしてはいけません。

テレビを見たら、その後でしっかり目を合わせて、感想などを話しましょう。ゲームをした後の少しの時間でいいので、向き合って会話をしましょう。その内容はゲームのことでもいいのです。

大事なのは、アイコンタクト。１日のほんの少しでも時間を取って、今日から取り組んでみてくださいね。

おかっちキーワード

アイコンタクトこそコミュニケーション

習慣12

できる親が考えるコミュニケーションとは？

②できる親の「ゲーム」への考え方

テレビゲームなどない時代の子どもたちは、とにかく兄弟や友達と遊ぶしかありませんでした。仲間同士で、ときに危ない目に遭ったり、助け合ったりしながら成長したのです。そこには会話があり、気遣いがあり、年下の子を守ったり上級生に従ったりする小さな社会がありました。そうやって、知らず知らずのうちに子どもたちは大切なことを学んでいったのです。

今はどうでしょう。ポータブルゲーム機やスマートフォンが普及し、子どもたちは手の中の画面に夢中です。公園に並んで座っている子どもたちを見て、何をしているのかと覗《のぞ》き込んだらゲームだった、ということがよくあります。彼らは、とても近くにいながら、全く会話をしていません。時折口を開いても、言葉はゲームの画面に向かって一方通行。ですから、とても静かです。

今、この本を読んでいるあなたも、テレビゲームで遊んだことがあると思います。現代のゲーム好き・ゲーム漬けの子どもたちを問題視する前に、子どもたちの親世代がテレビゲームのブームの中にいたことを思い出しましょう。

１９８０年代に、家庭用コンピューターゲームが爆発的に流行しました。その頃から、子どもの遊び方が劇的に変わったように思います。外へ出て鬼ごっこやかくれんぼをし、自然を相手に遊んでいた子どもたちは、いつの間にかテレビゲームに熱中するようになりました。

私はゲームを否定はしません。気分転換や趣味として、時間を設定し、適度にプレーするのは良いことだと思います。

しかし、平らな画面を見つめているだけでは、そこには何の感動も、会話も、交流も生まれないのだということを知ってほしいのです。ゲームに熱中する子は、静かで、おとなしく、とても「いい子」だと勘違いしていませんか？

スポーツクラブ「ＮＩＣＥ」では、子ども向けのスキルアップキャンプを年に1度開催しています。社会性を育成する、実践体験満載のプログラムです。火を起こして薪《まき》で炊く飯ごう炊さんや、スプーンのみを使って野菜をカットするカレーライス作りなどをして、子どもたちは「自ら」「考え」「選んで」「実行する」2日間を過ごします。スマホやゲームを触る時間はありません。大自然の中で見せる子どもたちの笑顔や想像力は、本当に素晴らしいものがあります。違う環境を知ることで、ゲーム以外にももっと楽しいことがあると気付いてもらいたいですね。

大事なのは、会話や交流のできる環境を、私たち大人がどう作ってあげるか。それは、大人の働きかけ次第です。おとなしく、静かにしているからいいと思わず、1日に1回だけでも、ゲームの画面から気持ちの交差した場所へ連れ出せるように心がけましょう。

おかっちキーワード

静かにゲームをする子が「いい子」？

習慣13 できる親が考えるコミュニケーションとは？

③できる親子のゲームの習慣

「子どもがゲームばっかりしています」という悩みをよく聞きます。勉強やお手伝いはそっちのけで一心にゲーム機に向かう子どもの姿は、どの家庭でも見られる光景ではないでしょうか。

こういうときに、ただ口で叱るばかりでは、いつまでも同じことの繰り返しです。

では、どうすればよいのでしょう。

まずは、「ルールを作る」。当たり前のことですね。しかし、「ゲームについてルールを何も決めていない」という家庭が全体の3分の1以上、という調査結果が現実です。どのようなルールを、どう決めたらいいか分からない、という声も聞かれます。

私は、次のようなルールを定めることを薦めています。

・ゲームをしていい場所
・ゲームをしていい時間帯
・ゲーム機の置き場所
・1日または1週間の、ゲームをする上限時間
・やっていいゲームの内容と買い方
・守らないときのペナルティ

ルールを決めたら、ホワイトボードや紙に書いて、目立つところへ貼っておきましょう。慌ただしい毎日の中で、親も子どももいつの間にか忘れてしまったり、いい加減になったりするからです。

ときどき、子どもがとうてい守れないような現実離れしたルールを一方的に押し付けてしまう親がいますが、これでは絶対に長続きしませんし、子どもの成長にもつながりません。子どもが親に隠れてゲームをするようになったり、ごまかすことを考えたりするようになるからです。

ゲームだけでなく、テレビの視聴ルールを決めるのもいいですね。ときにはテレビのスイッチを切って、家族で語り合う時間を持ちましょう。と言いながら、「テレビのスイッチＯＦＦ」の時間を決めたり、「ノーテレビデー」を設定したりしても、守れないのは親のほう、となりかねません。スポーツの決勝戦や特別番組の誘惑に勝てない気持ちはよく分かりますが、親も決めたことを守るように努めましょう。

親子でよく相談してルールを決めたら、きちんと守れているか確認しましょう。親が毎日確認すれば、子どもは必ず守ります。親が確認しないと、子どもは守らなくなります。きちんとできていたら、「親子の会話をＯＮ」にして、誉めてあげましょう。

おかっちキーワード

テレビのスイッチＯＦＦ　親子の会話をＯＮ

習慣14 会話を愛おしむ習慣を付けよう

私は、実家が保育園で、現在は複数の保育園でボール運動の指導をしていること、スポーツクラブの理事長をしているということもあり、多くの親子と接し、関わらせてもらっています。そんな中、「親子の会話がかみ合っていないのでは」と感じる瞬間が増えてきました。

例えば、保育園へお迎えにきた母親と子どもの会話。

母親が「まこと君、今日は何が一番楽しかった？」と聞いたのに、子どもが「お母さん、おなかすいた！」と返事をする。お母さんは、自分の質問はどこへやら、「何か食べて帰ろうか」と答えます。「何が一番楽しかったのか」という問いの答えがないことに、気付いていないのです。

次に、最近特によく聞くようになった「曖昧《あいまい》な質疑応答」。

母親が「まこと君、今日の保育園どうだった？」と聞きます。日常生活でも、私たち大人はついこんな質問をしてしまいますね。「どうだった？」と聞かれた子どもは、「びみょ～」などと、これまた曖昧に答えます。質問が曖昧だから、答えも曖昧なのです。そして、親も「そう」「そうだったの」と答えて、この会話は何の意味も持たずに終了してしまいます。

よくあるのが、何を言いたいのか、何が聞きたいのか分からない質問。

「まこと君！　何やってんのよ！」

「いつも言ってるでしょ！」

何をやっているのかと咎《とが》められても、どの行動を指摘されたのか、子どもには分かりません。親から毎日いろんなことを言われている子どもは、「いつも言っている」のはどれのことなのか、分かりません。

これらは、お互いを察し合い、「言わなくても分かってくれるだろう」という「以心伝心」を大切にする「日本式コミュニケーション」の問題点でもあります。相手にきちんと確認しなかったり、問いに直接的な答えを返さなかったり、自分の考えの根拠を明らかにしなかったりということはありませんか？　曖昧な質疑応答は、その最たる例です。

私は海外へ研修に行くたび、「日本式コミュニケーション」が通用しないことを痛感しました。ヨーロッパでは、質問と答えがとても具体的です。質問に対してまず結論、それから理由をはっきりと答えます。論理的に物事を考えるのが、当たり前なのです。

例えば、サッカーの試合でボールを遠くへ蹴ってしまった選手に、監督が「何をやってるんだ。近くの味方につなげ」と言ったとします。すると選手は、「ここで相手にボールを奪われたら、大ピンチです。まずは遠くに蹴り出したほうが安全だと思いました」などと答えます。これが日本だと、選手が「すみません」「わかりました」と答えるだけで、自分のプレーの理由を説明することは滅多にありません。

　これからは、より世界的な視野が必要となってきます。世界の舞台に立つであろう子どもたちには、ぜひグローバルスタンダードな会話を身に付けてもらいたいのです。その上で、日本的コミュニケーションの良いところをプラスすれば、論理的でさらに素晴らしい会話が可能になり、世界で十分通用する人になるでしょう。

　子どもがコミュニケーションを取るのに、もっとも近い相手は親です。普段の何気ない会話でも、「これはちゃんとしたコミュニケーションだろうか」「この会話はかみ合っているだろうか」と考えてみてください。

おかっちキーワード

その会話、本当にコミュニケーション？

習慣15

察しの悪い大人を演じよう

先ほどの、どこかかみ合わない親子の会話。これを改善するために、私たち大人はどう子どもに接したら良いのでしょう。

それはズバリ、「察しの悪い大人を演じる」ことです。

例えば「ねえ、リモコン!」と子どもに言われたとします。ここで親はリモコンを手渡すのではなく、「リモコンがどうしたの?」と返します。すると、子どもは怪訝《けげん》な顔をしながらも、「取って!」と言うでしょう。そこでさらに、「なんで?」「なぜ必要なの?」と聞きます。子どもはきっと、渋々「テレビを見るから」と答えるはずです。

いちいちこんな質問をしなくても、私たち大人は、本当はどうしてリモコンが必要なのか分かっています。それでも、わざと察しの悪い大人を演じなければならないときがあるのです。「びみょー」「別に」「まあまあ」といった、都合のいい言葉で会話を済まさず、「何が好きなの？」「サッカーとか……」「とかって？　他には？」といった具合に、きちんと答えを引き出してあげましょう。話が横道《よこみち》に逸れないよう「具体的な会話」「かみ合った会話」を心がけることで、そこから新たな発見や、子どもとのコミュニケーションが生まれます。

普段から「僕、これからサッカーの試合をテレビで見たいから、お母さんの隣にあるリモコンを取ってくれる？」「サッカーの試合を見たいのね、はいどうぞ」という会話ができるよう、まずは察しの悪い大人を演じてみてください。これは今すぐ、この場で始められることですよ。

おかっちキーワード

あいまいな答えにはツッコミを！

習慣16 保育士である母から引き継いだ大切な習慣の1つ

子どもが幼い頃、腰を下ろし目線を合わせて話しかけたり、言い聞かせたりした記憶はどの親にもあるでしょう。私の母もそうでした。

私の母は保育士で、いつも忙しく働いていましたが、それでも幼い私との時間をたくさん取ってくれました。ですから、寂しいという気持ちはありませんでした。母と遊んだ中で一番よく覚えているのは、「折り紙」です。しっかり折り筋を付けないときれいに完成しないのだということを、母は「アイロン」という言葉を使って教えてくれました。隣で一緒に折り紙を折ってくれた母の姿が、今も心に残っています。

親が子どもに「勉強しなさい」と注意することはあっても、同じように勉強しているかというと、さてどうでしょう？ 渋々宿題を広げているそばで携帯のゲームに興《きょう》じたり、テレビを見たり、メールを読んだりしていませんか。そんな状況では、子どもは落ち着いて勉強することができません。子どもの勉強中は、親も隣で読書をするなど、できるだけ自分自身の勉強をしてもらいたいと思います。子どもと「同じ目的」を共有することが、何より大事なのです。すると、子どもは「今は勉強する時間なんだ」と察するようになり、良い習慣につながっていきます。

先に書いたように、子どもが幼い頃は、同じ目線で話をしていたはずです。しかし、子どもの成長とともに、同じ目線でものを見たり聞いたりすることが減ってしまっているのが現状です。私が折り紙が好きだったのは、いつも母が隣にいて、同じように折ってくれたから。子どもは何歳になっても、親と一緒に何かをしたいと思っているのです。忙しい手をほんの少しだけ止めて、1日に1回でもいいので「子どもと同じ目線」「同じ目的」に時間を使ってみてはどうでしょう。

おかっちキーワード

子どもと同じ目線って大事

習慣17

できない子の正体ってなんだろう？

「早く起きなさい」
「ご飯食べなさい」
「早く出ないと遅刻するわよ」

毎朝、日課のように同じ言葉を繰り返しても、子どもたちはなかなか思うように動いてくれません。

「うちの子は何を言ってもできなくて……」

生まれ育った実家である保育園や、私が現在指導しているボール運動教室などでも、お母さんたちがよく口にする言葉です。

「〇〇しなさい」「早く〇〇しないと×××でしょ」「後にしなさい」。子育て中、1日に何度こういった言葉を口にするでしょうか。

朝起きてから学校に送り出し、子どもが帰宅して就寝するまで、怒ったり急《せ》かしたりする回数は何度あるか、一度書き出して数えてみてください。自分が思っていたより多いですか？　少ないですか？

数えたら、今度は子どもの気持ちになってみましょう。

それだけの回数、あなたが毎日怒られ、急かされたとしたら、言うことを素直に聞きたいと思いますか？　親と過ごす時間は楽しいですか？　自分に自信が持てますか？

子どもはみんな、純粋さ、素直さを持ち合わせています。言うことを聞かないのは、話を聞きたくない、言われたとおりにしたくないから。最も身近な存在である親に、毎日怒られる。責められる。相手にしてもらえない。こんな生活が続くと、素直さが失われてしまいます。

子どもは光り輝く原石なのに、子どもの才能は伸びようとしているのに、残念ながらそれを摘み取ってしまう親が多いように思います。毎日怒り、急かし、後回しにするたびに、子どもの輝きは失われていくのです。お母さんの言う「できない子」に近付いていくのです。

「できない子」は、本当は「できる子」。子どもの人生は、本来輝かしいものです。すべての子どもが「生まれつきの天才」で、無限の創造力とアイデアを持っている「達人」なのだと気付き、大いに伸ばしてあげましょう。

おかっちキーワード

「できない子」なんていない！

習慣18

声かけ1つで180度変える習慣

私は子どもたちを指導するときに「プッシュワード」を使っています。

これは、スポーツ選手を励ますために指導者やリーダーが競技前に用いている「短い激励のメッセージ」で、やる気にさせる訓話のことです。

プッシュワードは、家庭や職場、教育現場でもすぐに実践できます。シンプルでポジティブな言葉を使ったコミュニケーションの1つです。

「慎重に、ミスせずにやり抜こう」と、誰もが思っている場面があるとします。リーダーがメンバーに「ミスは許されないぞ」と強い口調で言うと、どうでしょう？　例えそれがチーム全体のことを思って発した言葉だったとしても、言われた方は萎縮《いしゅく》して、本来の力が出せないかもしれません。頭の中で、ミスをした自分をイメージしてしまうかもしれません。逆に、「今まで頑張ってきた成果を出そう」と声をかけたなら、きっとポジティブな気持ちになり、がぜんやる気になることでしょう。

ポジティブな言葉1つで、相手を元気付けたり、潜在能力《せんざいのうりょく》を引き出したりすることが可能なのです。人の心や脳に与える影響の大きさを心に留め、日常生活で使える大切な人への「素敵な言葉がけ」を身に付けましょう。子どもには、より効果的です。

家庭ですぐに使えるプッシュワードの特徴

・肯定的な言葉を使う
・キーワードを入れる
・共感、共鳴からやる気を引き出す
・「送り出しの言葉」で締める

おかっちキーワード

「プッシュワード」が子どもを後押し！

習慣19 言葉に魔法をかけよう

朝から晩まで叱られっぱなしの子どもたちを、私は何人も見てきました。「また○○してない」「○○しなきゃダメでしょ」「なんで○○しないの」「何回言ってもダメなんだから」……と、1日中言われ続けています。

このように、否定的かつ感情的に叱られた子どもは、自分に自信が持てなくなります。また、叱り続ける親に対して不信感を持つようになります。

しかし、言葉の使い方1つで、「叱る言葉」が「魔法の言葉」になるのです。

例えば「まだ○○してない」と言いたいところをぐっとこらえて、「どうして○○してないの？」と言い換えてみてください。そう尋ねられて初めて、子どもは自分のことを振り返り、まだできていなかったことに気付くのです。

小言を言ったり叱ったりする瞬間、とっさに魔法の言葉は出てきません。ですから、普段から「言葉の言い換え表」を作っておくことをお薦めします。日頃、子どもたちを叱っている内容を思い出し、どう言い換えたら子どものやる気が湧いて行動するかを想定しながら、その言葉を書き出しましょう。それを、いつも見えるところに貼っておくといいですね。

子どもを叱りそうになったら、まず一呼吸。そしてこの言い換え表を見て、魔法の言葉を口にしてあげてください。

(具体例)

「ミスをするな」 → 「慎重にやろう!」

「なんでできないんだ」 → 「どこまでできてる?」

「風邪ひくな」 → 「温かくしてね!」

おかっちキーワード

「魔法の言葉」をマスターしよう

習慣20 いつも子どもが見ている風景、それは……

子どもが帰宅した後、玄関には、無造作に脱ぎ散らかされた靴。「ちゃんと靴を揃えなさい！」と毎日のように注意しても、なかなか直らない。そんな家庭は多いでしょう。

靴を揃える。宿題をする。後片付けをする。それが良い行いであると理解できても、行動に移さない。それは子どもが、お母さんお父さんの言葉に耳を傾けないのではなく、親の行動を見ているから「しない」のです。

ローマ帝国の帝王学で最初に書かれている「il bello dorso（イル ベロドルソ）」という言葉があります。親子関係はもちろん、教師と生徒、スポーツにおける指導者と選手、仕事における上司と部下などにも引用されている格言です。意味は「凛《りん》とした美しい背中」、つまり「良き後ろ姿を見せる」ということ。子どもは親の顔ではなく、後ろ姿を見て成長するのです。ここで言う後ろ姿とは、もちろん行動のこと。

「夢中で遊ぶけれど、片付けができない」と嘆くお母さん、リビングやキッチンは整理整頓されていますか？

「家ではまったく勉強をしない」と頭を抱えるお父さん、子どもが宿題をしている横でスマホをいじっていませんか？

片付けをしない親を見て育った子どもは、「片付けなさい」と言われてもできません。勉強している傍《そば》でテレビを見ている父親、ソーシャルゲームやＳＮＳに興じる母親がいれば、子どもは楽しそうにしている親が気になって、勉強に集中できません。

親は、子どもにとって最も身近なリーダー。親の取る行動や習慣は、そのまま子どもが引き継ぎます。注意しても直らない子どもがいるとしたら、それは親が「悪《あ》しき後ろ姿」を見せているからなのです。子どもを注意するのも大事ですが、その前にお母さんお父さん自身の行動や習慣を見直してみましょう。

おかっちキーワード

自分の「良い後ろ姿」を見せよう

習慣21

「できる親子の良い習慣」を生む方法

2007年、滝川第二高校を率いてサッカー日本一に輝いた黒田和生元監督。兵庫県で開催された「のじぎく国体」サッカー少年の部、兵庫県代表合宿に、私が外部コーチとして帯同したときの監督です。その黒田監督には、こんな習慣があります。

練習が終わって合宿所に戻ってきたら、まず監督自身が率先して手洗い、うがいをする。そして、選手一人ひとりの手洗い、うがいを見届けた後、最後にもう一度手洗い、うがいをして部屋に戻る。

この監督の行動が意味するところは、選手との「瞬間の共有」です。「手洗い、うがいをしておけよ」と指示するだけでなく、指導者自らが率先して選手と「一緒にやる」こと。その「良い後ろ姿」を見た選手たちは、自然に監督と同じ行動を取るようになります。そしてそれが継続されることで、「良い習慣」へと進化していきます。

家庭における指導者はもちろん、お母さんお父さん。共有できる瞬間は、生活の中に数限りなく転がっています。おもちゃを片付ける、玄関の靴を揃える、歯を磨く……。こういった行動の一つひとつを「しなさい」と命令したり押し付けたりしても、思い通りにはなりません。黒田監督が選手たちにしたように、親が実践して見せ、瞬間を共有することで、子どもは自発的に動き始めるのです。

親と共有できる瞬間は、子どもにとって楽しいもの。「歯磨きをしなさい」「片付けをしなさい」と言われなくても、楽しければ子どもの方から進んで始めます。その瞬間を作ってあげるのが親の役割であり、楽しみでもあるのです。

「Good Standard, Good Habit」

「良い後ろ姿が良い習慣を生む」と言われています。親自身が子どもと瞬間を共有し続けることで、子どもの「良い習慣（Good Habit）」になっていくのです。

おかっちキーワード

お母さんも「一緒に」やってみましょう

習慣 22

誰でもできる、親の後ろ姿をピカピカにする方法

「瞬間の共有」において注意したいのは、子どもの課題に焦点を当てる「クラリティ」ではなく、現実的な感覚で理解させる「リアリティ」に重きを置くことです。

クラリティ、リアリティの手法は、サッカーのコーチングでよく使います。これを実生活に当てはめてみましょう。「履物が乱れているから、きれいに靴を揃えなさい」と指導するのがクラリティ。「こうやって揃えると玄関がきれいになるよ」と親が一緒に靴を揃え、現実的な感覚でイメージを共有するのがリアリティです。

テレビばかり見ている子どもに「テレビを見ないで勉強しなさい」と注意するのは、どこの家庭でもよくある光景。子どもは渋々自室に戻る。ここで終わってしまうのがクラリティです。ここからさらに一歩進んで、お母さんが子どもの横で読書を始めると、クラリティはリアリティに変わります。どちらが子どもにとって良い環境

か。どちらが子どもの学習意欲を引き出すか。容易に想像できます。

課題や問題点を洗い出し、指摘してあげること自体は悪いことではありません。むしろ、課題に気付くだけの観察力を持っているのですから、子どもをしっかり観ているとも言えます。しかし、ここで気付いてもらいたいのは、「子どもも親をしっかり観ている」ということなのです。

指摘された課題は正しくても、横でテレビに夢中になる親を見ると、子どもの学習意欲は湧いてこないでしょう。反対に、親が自発的に学習に取り組む姿を見せれば、子どもは学習の瞬間を共有できます。目の前に、率先して自分と同じ行動を取る親がいる。これこそがリアリティであり、子どもに親を信頼させ、良い習慣を体得させるチャンスなのです。

「良い親でいるために」なんて、肩肘《かたひじ》張らなくていいのです。「ああしなさい、こうしなさい」と子どもの課題に気付き、注意できるお母さんなら、そこから一歩踏み込めばいいのです。自分の行動で、子どもにリアリティを見せてあげましょう。「ここを注意しなきゃ」と思ったときは、親にとってもビッグチャンスなのです。

おかっちキーワード

学ぶことをやめたら、教えることをやめなければならない

習慣23

絶対になくてはならないものを再認識しよう！

良い後ろ姿を見せるチャンスは、子どもを注意するときだけではありません。最も簡単に、毎日見せることのできる「Good Standard」。それは、あいさつです。

あいさつの重要性は、説明するまでもないでしょう。とりわけビジネスを中心とした大人社会においては、あいさつがコミュニケーションの第一歩です。私はビジネスマン向けに「ファーストインプレッション（第一印象）」やコミュニケーションについてのセミナーで講師を務めることも多いのですが、ここでも「笑顔のあいさつ」が大きなウエイトを占めています。

意識して「笑顔のあいさつ」をすることが大切なのは、大人だけではありません。実は親子の間においても、この笑顔のあいさつが重要な役割を担っているのです。みなさんは、朝起きて子どもと顔を合わせたとき、どんな「おはよう」を言っていますか?

朝食の準備をしながら、子どもの顔も見ずに、あるいはテレビのニュースを注視したり、朝刊に目を落としたりしたままで「おはよう」を言っていませんか? 子どもの今日1日のスタートを、喜んであげていますか?

子どもと今日最初に会うとき、最高の笑顔でハツラツと「おはよう」と声をかけてあげましょう。朝一番のあいさつが、その日1日を決めるのです。心を込めて、子どもの目をしっかりと見てあいさつすることが、子どもにとっての「良い後ろ姿」です。

毎朝、親が率先してハツラツとした笑顔のあいさつをすることで、しつけ年代の子どもは徐々に笑顔のあいさつを覚えていきます。親のGood Standardは、やがて親子のGood Habitとなります。それは、子どもが成人したとき必要とされるコミュニケーションスキルにつながるのです。

おかっちキーワード

明るく！　元気で！　ハツラツと！

習慣24

子どもの前で、輝いていますか？

理想の母親像、父親像をストイックに求めると、気疲れしてしまいます。今回はお母さん、お父さんの実益を兼ねたお話をしましょう。

子どもの前で「輝いている大人」でいる。子どもにいかに好印象を与えられるかが、コミュニケーションの良し悪しを左右します。親子といえども、手を抜いてはいけません。これは子どものためですが、親の実生活にとっても大きなプラスになる「自己演出」。「外見力」とでも言いましょうか。どうです？　ちょっとやる気が出てきたでしょう！

人のイメージは「見た目（Appearance）」「立ち居振る舞い（Behaviour）」

「コミュニケーション（Communication）」のＡＢＣが大きな鍵を握っています。見た目と立ち居振る舞いは、アクション＆ビジュアル。美しさや格好良さ、スマートな所作などが外見力にあたります。積極的に自分磨きに取り組んでください。

人の印象を決める要素は5つ

・姿勢・歩き方
・しぐさ・立ち居振る舞い
・表情・視線
・装い・身だしなみ
・エスコート・ポジショニング

外見力は言葉よりも雄弁で、即効性の高いものです。これを徹底的に磨いてみませんか？　いつも魅力を最大限にアピールできるよう、自分磨きを楽しみましょう。カッコいい親は、子どもにとって誇らしく、頼りがいを感じるものですよ。

おかっちキーワード

親が輝けば子どもも輝く

習慣25 あなたが今、子どもだったら……

出産間もない新米ママが悩んでいたら、あなたは何らかの相談に乗ってあげられますよね。それはあなたに母親としての経験が蓄積され、経験の中から子育てのノウハウを学んだからです。

私たちは子育てをする中で、知らず知らずのうちに親としての経験と学びを得ているはずです。子どもがぐずったときはどうすれば良いか。子どもは何に興味があって、どうしたら喜ぶか。自身が体験した中での気付きがそこにはあります。失敗談でさえ、その後に生かすことができれば、立派な経験と学びです。

ところが最近は、「子どもの育て方が分からない」と言う親が増えてきています。子どもと生活を、空間をともにしているにも関わらず、親としての経験を学びとして習得できない。これは子育て中の親に限った話ではなく、スポーツ指導者にも見うれる傾向です。

子どもは日々、成長しています。お母さんやお父さんはどうでしょうか？　子どもが大きくなれば、思考も興味の対象も、感受性も変化していきます。その年代にふさわしい育て方があっても、ほとんどの親はそれを知ろうとしません。わが子の成長に関わる大切なことなのに、親としての成長はどこかで停止したままなのです。

もしも今、あなたが子どもだったら、あなたは今のあなたに育てられたいですか？　あこがれますか？　目標にしますか？「良き親」だと思えますか？

成人して、子どもを産み育てるようになったら「成長は終わり」ではないのです。親としての成長は始まったばかり。あなたは、子どもを元気で明るく健康的な子に育てるために、学んでいるのです。経験や、自分の親世代や先輩ママさんからの学び、書物からの学びもあるでしょう。大切なのは「終わり」ではなく「始まり」なのだと意識することです。

人は一生、成長します。「ここまでで終わり」はないのです。

おかっちキーワード

親として学び、成長し続けよう

習慣26

両刃《もろは》の剣、それが「環境」

フィジカルトレーニングに、SAID（特異性）という用語があります。「生体に一定の負荷をかけ続けると、それに見合った適応現象を起こす」。言い換えると「身体は、そのトレーニングの内容に沿った成長をする」というものです。

水泳、サッカー、柔道、バスケットボール……競技によって選手の体型や特性が違うのは、トレーニングでかける負荷がそれぞれ異なるためです。上半身を鍛える必要のある選手は上半身を強化する。ジャンプ力を高めたいならジャンプのトレーニングをする。一定の負荷をかけ続けることによって目的を達成できるようになるのは、人が「今いる環境に適応する」というSAIDの原則を利用しているからなのです。だから、「目的（どのようになりたいのか）に合わせて負荷（刺激）を与えなければいけない」ということが、とても重要になってきます。

子育てにおいても、ＳＡＩＤの原則が有効です。この場合の「一定の負荷」はもちろん、「Good Standard」。一緒に片付ける。靴を並べる。宿題をする子どもの傍で読書をする。毎朝気持ちの良いあいさつをする。そのような親の後ろ姿を見せることが、子どもにとって負荷（刺激）となり、より良い人間像への近道となるのです。

このＳＡＩＤの原則は、マイナスの負荷をかけた場合も同じです。会話をしない。片付けない。怒鳴り散らす。毎日ダラダラと過ごす。こういった環境に置かれた子どもは、当然この環境に適応していきます。どんな子どもになるか、想像に難《かた》くないですね。

人は、置かれた環境に適応する。その環境を、子どもは自分で選べません。親が作ってあげなければならないのです。

おかっちキーワード

良い環境づくりが子どもを伸ばす

習慣27

「コーチ」を知ろう！

ファッションブランドのコーチと、スポーツ指導者のコーチ。その語源は同じだと知ると、驚く人も多いでしょう。ブランドのコーチのロゴマークを思い出してください。馬が四輪の馬車を引いています。四輪馬車が最初に作られたハンガリーの町・コチ（Kocs）がその語源です。

馬車がコーチ。これは、「目的地まで運ぶ人」から転じて、「夢へ導く人」「目標を達成するための手助けをする人」となったものです。「夢先案内人」「夢実現サポーター」と言い換えてもいいでしょう。

では、子育ての中でのコーチは……もちろん、親です。親は、子どもの夢を実現させるためのコーチです。成長の階段を着実に上っていけるよう、適切なタイミングで子どもに合わせたサポートをしてあげましょう。

「伸ばしてあげたい」と思えば、子どもの環境は変えられるものです。子どもと目が合う時間を作る。論理的でかみ合った会話をする。子どもと同じ目的の時間を共有する。言葉や態度、表情をすべて前向きにする。親が少し習慣を変えるだけで、子どもの未来が大きく変わってきます。子どもにとって最も身近な「環境」は親なのですから。

コーチは、子どもたちの良い手本でなければならない。さまざまな実践も含め、指導者（親、コーチ）は学び続けなければならないのです。その姿が「良い後ろ姿」となり、子どもの学びにつながります。

おかっちキーワード

最強で最高のコーチ、それは親なのです

習慣28

あなたの人生の黄金の時間、それが「子育て」なのです

子育てを終えた親たちから、よくこんな話を聞きます。「子どもの成長はあっという間だった。もっと楽しめば良かった」「日々の忙しさに追われ、気が付いたら大人になっていた」。

私は、子どもが本来の子どもらしさを感じさせるのは、だいたい小学校4年生ぐらいまでではないかと思っています。年齢でいえば、10歳ぐらい。その後は思春期前期に入り、大人を見る目が厳しくなります。反抗期もあるでしょう。子どもは徐々に大人を相手にしなくなります。

この頃になってコミュニケーションを取ろうとしても、子どもは受け入れてくれないでしょう。ですから、それまでに親子の絆をしっかり作っておくことが重要です。

子どもが受け入れてくれるうちに子どもの気持ちを無視したり、感情的に叱ったりすることが多いと、コミュニケーションを取ることすらできません。

仕事に追われ、子どもとの触れ合いがおろそかになっていませんか？　仕事や人間関係のストレスを、子どもにぶつけていませんか？　それでは、親子の心の絆を深めることはできません。そして、そのツケはいずれ自分に返ってきます。

もっともっと親子の楽しい時間を増やして、心温まる時間を大切に過ごしましょう。かわ大いに子どもを誉めてあげてください。かわいがってあげてください。

子どもが「本当に子どもらしい子ども」である時間は短い。その時間を、大切にしましょう。それは、二度と戻ってこない「黄金の時間」であり、「人生の至福のひととき」なのです。

おかっちキーワード

最高の「親子時間」を楽しもう!

習慣29

ストレス無縁「お父さん操縦法」

子育てを1人だけでこなすと、そのストレスは必ず子どもに向けられます。虐待にまで進んでしまうこともあります。そうならないために、気持ちにゆとりを持って子育てをすることが何より大切。でも、現実の子育てはお母さんに負担が偏《かたよ》り、お父さんの協力が得られないというケースが多いようです。

そんな場合は、子育てについて一度夫婦で話し合うといいでしょう。そこで大事なのは、相手を非難しないこと。非難されていると感じると、相手は心を閉ざし、自分を守ることが最優先になります。非難し合うのではなく、互いに心の内を伝え、相手の意見に耳を傾けましょう。

また、子どもと協力して、日頃から父親を持ち上げておくといいですね。例えば、

「いつもお仕事してくれてありがとう」「遅くまでみんなのために頑張ってくれるパパが大好き」と伝えたり、手紙に書いたりするだけで、父親の気持ちは満たされていくでしょう。家族全員が仲良く写っている写真を、目に付くところに貼っておくのも効果的。写真が愛情を育んでくれます。

父親の自己啓発もお薦めです。子育てに関する本やネットをお父さんに紹介したり、お母さんと一緒に講演会やセミナーに参加してもらったりするのもいいですね。妻の言葉は素直に聞けなくても、人が書いたものや講演会などのアドバイスは、案外すんなりと受け入れられるものです。

本来は楽しいはずの子育てが楽しめないから、ストレスになるのです。楽しくないのなら、どうすれば楽しくなるか考えてみましょう。1人で抱え込むのではなく、一番身近にいる夫と、楽しさを共有する努力をしてみてください。1人では気付かない子どもの成長を、2人ならたくさん見つけることができるでしょう。成長が分かると、子育ては楽しくなるものです。いつの間にか、子育てのストレスとは無縁になっていますよ。

おかっちキーワード

お父さんを巻き込みましょう

習慣30 テレビゲームより大切なゲームとは?

今しかない楽しみであるはずの子育て。子どもを叱らない生活を送りたい。それは、誰もが抱く願望ではないでしょうか。

そのためにまず子どもをよく観察し、何が好きなのか探ってみましょう。日々たくさんの子どもたちと接し、観察している私が感じる子どもの特性は、「一緒にやるのが好き」「聞いてほしい」「ゲームが好き」「競争が好き」ということ。中でも、「一緒にいたい」「共有したい」という願望がとても強いようです。ならば、今の時期だけでも、とことん一緒に過ごしてみませんか。

私の子どもがまだ幼い頃、親子でカブトムシやクワガタを探すのに熱中した時期があります。「天敵である鳥が何も見えない時間、薄暗い早朝でないと見つけられないんだよ」と言うと、子どもたちは頑張って早起きして、私について来ました。これは、早起きしてカブトムシを捕まえるというワクワク感はもちろん、父親と一緒に薄暗い森へ行く時間を共有したかったからです。

また、「ゲームが好き」「競争が好き」という子どもの特性も、うまく活用するといいですね。

例えば、どうしても静かにしないといけない場所に子どもと行ったとき。子どもが騒ぐ前に、あなたから「忍法沈黙の術で30分静かにしていよう」「どっちが黙っていられるか勝負しよう」と、持ちかけてはどうでしょう。子どもは素直ですから、ゲームや競争と聞くと夢中になります。これなら、子どもが騒ぎ始めて慌てて叱る、というパターンにはなりませんね。

遊びやゲームはもちろん、食事やちょっとした運動など、親との「瞬間の共有」ができなくなると、子どもは「受け入れてもらえない」と感じます。会話にしても同様です。「聞いて、聞いて」「なんで？」と言っても耳を貸してもらえないと分かると、あんなに「聞いて星人」だった子どもは、「聞かない星人」になってしまいます。

そうしないためにも、1日1分でもいいので、子どもと「一緒の時間」を作るよう心がけてください。1日1分なら1年で365分。子どもとトータル6時間を共有できることになりますよ。

おかっちキーワード

1日1分でも、1年で6時間

習慣31 叱るときに必要な、親の習慣とは？

日常的に、お母さんお父さんからガミガミ言われたら……。否定的、感情的に叱られ続けると、子どもは自分に自信が持てなくなるばかりか、親に対して不信感を抱くようになります。親は子どものために叱っているのに、子どもは心の奥で無意識のうちに「僕はあまり愛されていないのではないか」と考えるようになってしまいます。

一方で、最近は「子どもを叱らない親が多い」とよく聞きます。「叱らない子育て」なんて言葉を聞いたりもします。

では、叱らなければいいのか。

それは違う、と私は思います。

サッカースクールでも、保育園でも、子どもが危ないことをしたら私は叱ります。いけないことはいけないと、はっきり言います。

このとき大事なのは、「叱っていても、目は微笑んでいる」ということ。くどくどがみがみ感情のままに叱り付けるのではなく、子どもと視線を合わせ、目を見て、子どもの心に語りかけましょう。

子どもは純粋です。自分のために言ってくれているのか、ただの否定なのか、親の目を見ればすぐに分かるはずです。目が微笑んでいれば、子どもは必ず分かってくれます。

おかっちキーワード

叱るときも目には微笑みを

習慣32

子どもの失敗　チャンス到来！

私のサッカースクールのトレーニングや練習風景を見ていたある保護者が、こう言いました。「怒鳴り声とか、罵声《ばせい》とか、一切ないんですね」。

よく聞けば、その人のよく知るチームの練習や試合では、やじに似た大声の叱咤《しった》が当たり前のように飛び交うそうです。「下手くそ！」「何をやってるんだ」、時には「もういい、帰れ」など。こんな言葉を自分に向けて言われたら、どうでしょうか。ましてや、大勢の人の前でそんな言葉を投げ付けられたら、どう思うでしょうか。

一昔前までは、サッカーに限らずあらゆる場面で、確かにそんな光景がよく見られたと思います。今なお、そういう指導を続けているところもあるでしょう。しかし、「下手くそ！」「何をやってるんだ」と言われて、何が下手だったのか、どのプレーを叱られているのか、子どもに伝わるでしょうか？　なぜ「帰れ」と言われるのか、理解しているでしょうか？
失敗したときこそ、指導者や親の声かけが重要になります。ここで大事なのは、「説得」ではなく「納得」させることです。今のプレーをなぜうまくこなせなかったのか、どうすれば良かったのか、きちんと振り返って「こうするべきだった」と納得すれば、次につながります。

子どもを叱咤したり怒鳴ったりするのではなく、納得させるためのヒントを与えてあげるのが、指導者や親の役割。叱って終わりか、納得させて次の成長へつなげるか。失敗した瞬間、私たちは子どもに対して、とても大事な役目を担っていることを忘れないようにしましょう！

おかっちキーワード

説得よりも「納得」

習慣33 あっという間に誉め上手な親になる方法

子どもを伸ばすために、絶対に忘れてはいけないこと。

それは「子どもを誉める」ことです。

子どもを誉める親だけが、子どもを伸ばせると言っても過言ではないでしょう。逆に言えば、子どもを誉めない親は、子どもを伸ばすことなどできません。

しかし、実際はどうでしょうか。なかなか誉められない、どこを誉めたらいいか分からないという親が多いように思います。それは、親が自分の価値観で子どもを見て判断しているからです。

それに気付いたのは、私が保護者と話をしたときでした。

「お子さんのいいところや、長所はどんなところですか」と聞いたところ、答えられない親があまりにも多かったのです。

それで今度は質問を変えて、「お子さんが好きなことや、熱中していることはどんなことですか」と聞きました。すると、驚くほどたくさんの答えが返ってきました。「ダンゴムシを2000匹集めています」「紙に漫画を描いて、自分で綴《と》じて本にしています」など。

「それが長所なんですよ。誉めてあげてください」と私が言うと、ほとんどの親が「こんなこと、誉められませんよ」という反応を見せました。

親は、自分だけの価値観で子

どもを見ているから、誉められないのです。本当に、もったいない！

どんな些細なことでも、子どもがやる気になっていることをまず誉めてあげましょう。親の応援や誉め言葉があれば、子どもはますますやる気になって熱中し、「これなら、誰よりも得意」と思えるレベルまで頑張ります。すると、子どもは自信を持つようになります。自信を持つと、さらにエネルギーが湧いて、どんなことも頑張れるようになるのです。そこから、「自分のことを誉めてくれる」「分かってくれる」「認めてくれる」という意識が生まれ、親への信頼感に直結していきます。

「子どもを誉める親だけが、子どもを伸ばせる」と心に留めて、改めて子どもと向き合ってみてくださいね。

おかっちキーワード

やっていることより、その姿勢を誉めよう！

習慣 34

子どもの欲求が分かる方法

先ほど、誉めることが大事だと書きました。では、子どもはいったい、どんなことを誉められたいと思っているのでしょう?

子どもの良いところに気付くためには、意図的に見つける努力が必要です。そこで私がよくお勧めしているのが、「誉めるリスト」の作成です。

まずはお母さんお父さんが、子どものどこを誉めたいか、「誉めたいこと」を書き出してください。その後で、子どもに「どんなことを誉められたいか」を聞いてください。さて、どんな結果が出るでしょうか。

私の経験では、親の「誉めるリスト」と、子どもの「誉められたいこと」にギャップがあるケースが大半です。

親の多くは、学校での成績やテストの点数など、学業に偏ったことを書いています。それがほとんどと言ってもいいでしょう。

しかし、子どもたちは違います。「やっと逆上がりができるようになった」「いつもお友達と仲良くできるよ」「お母さんのお手伝いをしたとき」……学業のことは、ほとんど出てきません。

実際に書き出してみると、親と子どもの意識にギャップがあることがよく分かりますね。ぜひ一度、試してみてください。そして、書き出すことを習慣にしてください。このリストから、子どもの良いところをたくさん発見して、意図的に誉めてあげてください。誉められることで、子どもはさらに伸びるのです。

おかっちキーワード

子どもが「誉められたいこと」知っていますか？

習慣35

子どもが忘れることのない誉め方

「好意《こうい》の返報性《へんぽうせい》」という言葉があります。誰かに良いことをしたら、そのまま自分に返ってくる、という意味です。子どもの良いところに気付いてあげて、子どもにも親の良いところを見つけてもらう。そんな親子関係でありたいですね。「良いところに気付く」ためには、「観察」が必要です。

例えば、子どもが宿題で書き取りをしたとき。親であるあなたがそれを見たとき、第一声はどんなものでしょうか。

「もっときれいに書きなさい」

「消して、やり直しなさい」

これでは子どもがかわいそうです。とにかく、まずは宿題で書き取りをしたことを誉めてあげることが大切。ここで、観察力が必要になってきます。ただ漠然と「良くできたね」ではなく、具体的に、どこか一部分に注目して誉めてあげることが重要です。

例えば、偶然でもいいので、きれいに書けている文字を見つけて誉める。「この漢字はバランスがいいね」「この字はとても形がいいね」といった具合に。親がこう声かけをしてあげれば、子どもはまた誉められたいと思って、もっと丁寧に、しっかりと書き取りをするようになるでしょう。

逆に、私たち親の姿を「子どもってよく見ているな」と思うことはありませんか。保育園卒園の門出に、園児が親に向けて感謝の気持ちや言葉を表すと、お母さんお父さんは必ず号泣します。父の日や母の日に「いつも僕の好きな料理を作ってくれてありがとう」とか、「病気のときに優しくしてくれてうれしかった」などと手紙に書いてあると、たまらないですよね。親の気持ちに気付いてくれていた、分かってくれていた、だからうれしいんですよね。

子どもを常に観察し、良いところに気付き、具体的に誉める。これだけで、子どもは満足感を持ち、親を信頼し、信頼する親の良いところを見ようとします。そうなると、子どもだけでなく、大人もうれしいですよね。

「好意の返報性」は、親の取り組み次第。ぜひ親のほうからきっかけを作り、実践してください。

おかっちキーワード

子どもも親を見ています

習慣 36

育児日記から《特徴1行日記》へ

何気ない普段の生活。毎日顔を合わせる子どもの身体的、精神的な成長に、何となく気付いてはいても、それを「良いところ」と捉えるのはなかなか難しいですね。「○○ができるようになってすごいね」とか「ずいぶん大きくなったね」とか、周囲の人の言葉で初めて気付くことも多々あるでしょう。かく言う私もそうでした。

逆に、保育園で気付いた子どもの成長をお母さんお父さんに伝えると、びっくりされたり、「言われるまで気付かなかった！」と言われたりします。せっかく誉めるべきところがあるのに、気付かないのはもったいないですね。

そこで私がお勧めしているのが、「特徴日記」です。子どもの特徴、日常の小さな気付きを書き留めてみましょう。たった1行でもかまいません。

わが子が新生児のときに「育児日記」を付けたお母さんも多いでしょう。3時間お

きの授乳や、日々の小さな変化を記入するのが苦でなかったのは、きっと楽しかったから。変化があるから記録する。記録すると気付くことがある。だから楽しいのです。

子どもが成長したからといって、成長の度合いに違いはあっても、変化がないわけではありません。年齢や性別、兄弟の有無で、子ども個々の特徴はさまざま。気付きを書こうと思うことが、何か気付くきっかけになるかもしれません。

私の知っているお母さんの中には、自分の日記に、わが子の特徴を記す人、母子手帳に付け加えるようにして日記を綴《つづ》っている人などがいました。どんなスタイルでもいいので、まずは変化に目を向け、子どもの特徴を知り、書き留めてみましょう。

余談ですが、子どもは自分が幼い頃の話や記録を見るのが大好きです。あとから親子で振り返る際の、良いツールになるかもしれませんよ。

おかっちキーワード

「特徴日記」のススメ

習慣37

できる親は、誉めたあと、この習慣を実行している

子どもは誉められることがうれしいと、これまで伝えてきました。お手伝いや人助けといった善い行い、勉強やスポーツで良い結果が出たときなど、日々のいろんな場面で、誉めるべきポイントがたくさんありますね。

サッカーの指導や保育園児とのボール運動をする中で、よく遭遇するのが「今までできなかったことができた」瞬間。もちろん、指導する私はとってもうれしいのですが、できた本人はもっともっとうれしいでしょう。それがどんなに些細なことでも、生まれて数年しか経っていない子どもにとっては大きな「成功体験」ですから、満面の笑みで報告してきます。そういうとき、私はとにかく大いに誉めてやります。誉められてうれしいと感じた子どもは、次の成功体験も、きっと嬉々として報告してくれるでしょう。喜びを共有することが、指導者や保育士との信頼関係を強くします。

これは、家庭でも同じこと。１日の、１週間のうちの数時間をともに過ごす私と違って、日々の大半を一緒に過ごすお母さんお父さんは、もっと多く子どもの成功体験の瞬間に立ち会っているはずです。

実は、成功体験を誉めたあとも大切。できたね、良かったねで終わらず、今日できたことよりほんの少しだけレベルを上げて、新たな目標を設定してあげましょう。子どもが一番やる気になっている瞬間に、すかさず次のステージを用意してあげると、すんなりチャレンジするようになりますよ。運動や発育に個人差がある時期だからこそ、子どものことを一番よく分かっているお母さんお父さんが、もっとも適切な目標を決めてあげてください。もっとたくさんの「できた」瞬間を見ることができますよ。

おかっちキーワード

「できた」そのときが成功体験

習慣38

やみくもに誉めていませんか？

「『誉めて育てる』を実践した」、というのが口癖の知人がいます。人前でもはっきりと、少し大げさなくらいに「上手よ」「よくできました」と声をかけていました。お子さんは素直で礼儀正しく、とてもいい子。小学校4年生くらいになったある日のこと、母親の「良かったよ」という誉め言葉に対し、その子が「どこが良かった？」と聞き返す場面に遭遇しました。一瞬返答に詰まったお母さんの表情が、今も心に残っています……。

誉められるとうれしいのが子ども。でも、何でもかんでもただ「誉める言葉」を投げかけてもらいたいのではありません。自分が「やっていること」を誉めてほしいのです。親はよくテストの点を評価対象にしますが、子どもはテスト用紙に書かれた「100点」の数字を誉めてほしいのではなく、100点を取るに至った自分の頑張りや、重ねた努力を誉めてほしいのです。「徒競走で1位になったよ」と報告したとき、

「1位！　すごいね」ではなく、「何人で走ったの？」「前回は2位だったけど、今回はどうして1位になれたの？」などと、詳しく聞いてほしいのです。

親がよく「良かったよ」「上手ね」と口にする言葉の中には、もちろん「前回の悔しさをばねにしてよく頑張ったね」とか、「自主練習の結果が出たのかな」という思いがあるはずです。しかし子どもは、それを察することはできません。「結論」＋「理由」で話をしないと伝わらないということを、心に留めておきましょう。

誉めるポイント

・数字に出る評価ではなく、過程を見て評価しよう
・「良かった」とは何が良かったのか、子どもはその理由が知りたい
・「結論」＋「理由」で誉める

おかっちキーワード

**今日の結果より、
昨日までの努力と明日からの楽しみ**

習慣39

チャレンジする子ども、ふさぎ込む子ども

先ほど、「好意の返報性」について書きました。「誰かに良いことをしたら、そのまま自分に返ってくる」という意味でしたね。では、悪いことをしたらどうなるのでしょう？

否定的、かつ感情的に叱られ続けると、子どもは自分に自信が持てなくなります。同時に、叱る親に対して不信感を持つようになります。すなわち、自分に自信が持てなくなるということは、自己肯定感がなくなり、いい自己イメージを持てなくなるということです。

自己イメージは、自分の設計図。建物を作るとき設計図を基《もと》にするように、子どもの心の成長は自己イメージという設計図が基になります。

ですから、「自分は頑張れる。努力家だ」「自分はできる。能力がある」という自己

イメージを持つ人は、長い時間をかけてそのイメージ通りになっていきます。あなたの身近に、そんな人はいませんか？　実は私も、「絶好調」「生まれてこのかた、疲れたことがない」と常に口にしています。自己イメージは、自分が作り上げるもの。人に驚かれたって、共感されなくたっていいんです。できるだけ、ポジティブな自己イメージを持っていたいですよね。

しかし、「自分はダメだ。頑張れない」「能力がない」という自己イメージを持っている人は、残念ながら次第にその通りになっていきます。

自己イメージに逆らって成長することはありません。「自分はダメだ」と思い込んでいる人が、自分の可能性に果敢にチャレンジしてどんどん能力を高めていくようなことは、本質的にありえないのです。ですから、良くない自己イメージを持ってしまうと、親がいくらあの手この手を繰り出してもすべて徒労に終わってしまいます。

子どもを伸ばしたいと思ったら、まずは子どもが「良い自己イメージ」を持てるようにしてあげるべきです。

良い自己イメージさえ持てれば、親がいちいち細かく言わなくても、自分でどんどん良い方向へ進んでくれます。

おかっちキーワード

親の言葉が子どもをつくる

習慣40
家庭崩壊のその前に！　今すぐやめよう！
できない親に共通するこの習慣

「おだてる」

「誉める」

一見同じような気がしますが、これが子育てにおいてどのような違いがあるのか、分かりますか？　似たような声かけでも、大違いなんです。


「誉める」は、まさに子どものためにある、子どもに向けた言葉。

誉めるためには、まず子どもを「見て」「観察」し、「具体的に」言葉をかけてあげることが大切です。ぼんやりしていては、誰も何も誉めることができません。お母さんがおしゃべりに夢中で、実は何も見ていないなんてことは、子どもはお見通し！　子どものほうがよっぽど観察力に優れ、いろんなことを見ています。それは、お母さんが大好きだからです。ならば同じように、お母さんも子どもをよく見てあげましょう。観察して、気付いた良いところを、具体的に言ってあげるのが「誉める」です。

では、「おだてる」はどうでしょう。「ブタもおだてりゃ……」という言葉があるように、人を揶揄《やゆ》した意味合いがありますね。

子どもが、描いた絵や工作を手に「見て見て」と言ってきたとき、あなたがとても忙しかったら、何も見ないまま「はい上手ね」「よくできました」などと口にしていませんか。とにかく子どもを機嫌良くさせたくて、ご機嫌取りのように「良かったよ」なんて言っていませんか。人前だからと、気持ちの入ってない言葉を大げさに口にしていませんか。親の都合で発せられる言葉、それらすべてが「おだてる」なのです。

誉めることで子どもは変化し、成長していきます。そこには、親の喜びもありますね。しかし、おだてることに喜びはありません。

今、あなたが子どもに言った言葉は「誉める」でしょうか。「おだてる」でしょうか。子どもを大きく伸ばしてあげる言葉を紡《つむ》いでいきたいですね。

おかっちキーワード

「おだてる」は親のため
「誉める」は子どものため

習慣41

「やらない家庭」に、「やる子ども」は育たない

「ブロークン・ウィンドウ理論」という言葉をご存じですか？「割れ窓理論」とも言います。建物の窓を壊れたままにしていたら、防犯意識がなく誰も注意を払っていないと思われ、やがて他の窓もすべて壊されるという考え方です。路上の自転車のカゴに、ひとつゴミが入ると、あっという間にたくさんのゴミが入るのも同じです。割れた窓や自転車のカゴは代表的な例ですが、同じようなことが実は家庭でも起こっています。

例えば、玄関。

靴がバラバラに散らかっていたら、子どもはもちろん揃えたりしません。「揃えなくていいんだ」と思うでしょう。

逆に、親がいつもきちんと揃えていたらどうでしょう。子どもに「揃えよう」と言えば、すんなり聞き入れてもらえると思います。できていなければ、「靴は揃えようね」

と言って一緒に取り組むことも、揃えられたら誉めてあげることもできますね。

学校全体をあげて、「下駄箱の靴を揃える」ことに取り組んだ小学校があります。この学校を初めて訪れた人は必ず、下駄箱に整然と並ぶ靴を見て驚くそうです。やがてこの習慣は、学校外でも実践されるようになります。学校行事で利用した公民館の入口に、きちんと並べられた靴——。それを見た地域の人が、思わず写真に撮ったというエピソードがあるほどです。

「Good Habit」は、とても大切。家庭内でも、親次第でいくらでも実践できます。まずは、簡単なことから取り組んでみてはいかがでしょう。ここで大事なのは、親がまず楽しむということ。子どもができるようになる過程を楽しもうという気持ちで、焦らずに始めてみてください。

キラリ☆

おかっちキーワード

整っていれば、乱れない

習慣42 思わぬ結果を出す「チカラ」とは？

教育心理学における心理的行動の1つに、「ピグマリオン効果」というものがあります。これは、教師の期待によって、学習者の成績が向上するというもの。1964年にアメリカ合衆国の教育心理学者が実験しました。

これをおかっち流に言うならば、「よいしょの力」。

指導者や親が、「これができたのなら、ここまで頑張ってみよう」「きっとできるよ」と、少しだけ手を差し伸べるのです。それは、家でのお手伝いでも、勉強でも、スポーツでも同じこと。ちょっとした「よいしょ」の言葉をかけてあげることで、子どものやる気は引き出せます。

サッカーに熱中していた高校時代、私もこの「よいしょの力」に助けられたことが

あります。公式戦を控えた寒い冬、チーム内には風邪をひいた選手や、体調の悪い選手が続出しました。しかし私は元気で、良いコンディションを保っていました。そんな中、当時の外部コーチで元日本代表の岡光龍三氏が「真は体が強く、スタミナや持久力がアップして高いレベルにいるね」と声をかけてくれたのです。その言葉は、その後の私の体の強さすべてに自信を持たせてくれるようになりました。

　サッカー元フランス代表監督ジェラール・ウリエ氏の「どんな

に素晴らしいミーティングよりも、トイレで会話した一言が、大きく選手を勇気付けることがある」という言葉があります。私の大好きな言葉で、いつも実践しています。

私が指導するスポーツクラブでも、子どもたちの良い部分をしっかりと観て、「元気のいいあいさつがいつもできているね」「集合するのがいつも早いね」と「よいしょ」。するとと、子どもたちは「ちゃんと見てくれているんだ」と思うようになり、それを伸ばそうと期待以上に頑張ります。「誉める」と「おだてる」の違いを理解したあなたなら、きっと「よいしょの力」が大きな味方になるでしょう。

「よいしょの力」を発揮するには、子どもをよく観察しないといけません。どこまでできたのか、あとどれくらいでできそうか、的確に判断しないと意味がありません。「よいしょの」力を上手に取り入れ、子どもにもっと大きく飛躍してもらいたいです。

おかっちキーワード

「よいしょの力」が子どもを伸ばす

習慣43 子どもの成功体験を見つける方法

今や当たり前のように耳にする「誉めて伸ばす」という言葉。本屋さんの棚を探しても、「叱って伸ばす」などというタイトルの本を目にすることは滅多にないでしょう。本書でも、「誉める」「誉められる」ことで築く親子のコミュニケーションを推奨しています。

人は成長し続けます。子どもに限った話ではありません。仕事や日常生活において、自身の成長を感じられた場面を思い出してみましょう。課題がクリアできたとき、いい仕事ができたとき、冷静な判断ができたとき……。場面により状況は違いますが、これらはすべて「成功体験」なのです。

「何が子どもの成功体験なのか分からない」。そんなお母さんお父さんも多いでしょう。幼稚園や学校に行っている間の様子は、子どもや先生から聞く以外に知る手段がありません。四六時中子どもと過ごしているわけではないのですから。

成功体験を見つける方法は2つあります。「探す」と「作る」です。分からなければ探せばいいのです。作ればいいのです。まずは、その「探し方」からお話ししましょう。

これはとても簡単なことです。「誉める」の章で、子どもの特徴を観察することにしましたね。特徴日記も付けていますよね？　それを、1日の終わりに読み返してみましょう。たくさんの変化が見えてきませんか？　子どもは先週と比べてどうですか？1か月、3か月、1年前と比べると、その成長ぶりに驚くことでしょう。そう、その成長こそ、子どもにとっての成功体験なのです。しかし子どもは、その成功体験に気付いていません。気付かせてあげるのが、親の大切な役目なのです。手段はもちろん、「誉める」こと。

子どものことをよく見る。よく知る。変化を見逃さない。そして、成長に気付いたらしっかり誉めてあげましょう。誉められた瞬間に初めて、子どもは自分の成長・成功体験を自覚します。成功体験の種は、あちこちに転がっています。その種に水をやるかやらないか。その違いだけです。

おかっちキーワード

成功体験の数だけ子どもは伸びる

習慣44

誉められた子どもが感じる特別な感情

成功体験を見つけて誉めることには、子どもに成功体験を自覚させることと、もう1つ大きな意味があります。それは、「誉められることも、子どもにとっては成功体験」ということです。

大人の社会でも、上司に誉められればうれしいものです。自分自身が成長を実感して満足した上に、さらに誉められる体験が加われば、「もっと頑張ろう」という前向きな気持ちになるでしょう。

特に幼少期は、「誉められること＝成功体験」と考えましょう。小さな子どもにとっては、「何ができたか」ということよりも、お母さんお父さんから「○○が△△になったんだね。よくできたね」と笑顔で誉められることのほうが、遥かに大きな喜びなのです。その喜びが「じゃあ、こうしてみよう」「こうしたらもっと誉めてもらえるかな」という向上心につながるのです。

小さな成功体験を、できるだけたくさん作ってあげましょう。これが成功体験を見つけるもうひとつの方法「作る」です。そのための準備は、もうできていますね。これまで以上に子どもをしっかり観察し始めて1か月。子どもの変化に気付いた人も多いと思います。その小さな変化を具体的に誉めてあげると、それは子どもにとって大きな成功体験。具体的であればあるほど良いでしょう。

「靴のそろえ方が、ずいぶんきれいになったね。前はちょっとずれていたけど、今日はぴったり1列に並んでるね」

「元気のいい返事だね。聞いているこっちも元気が出るよ」

誉められるという体験は、子どもに「親は自分をしっかり見てくれている」という安心感を与えます。変化や成長にいち早く気付き、誉めて、一緒に喜んでくれる親の姿。子どもは、大好きな親と喜びを共有することで、成功体験をより強く感じるのです。

子どもを誉めるのに遠慮はいりません。他の子と比べなくたっていい。謙遜《けんそん》する必要もありません。とびっきりの笑顔と、ありったけの言葉で、思いっきり誉めてあげましょう。あなたにとって、世界一の子どもなのですから。

おかっちキーワード

成功体験は小さくていい

習慣45 さあ、親子で一歩先へ進もう！

子どもの成長に伴い、誉め方に論理性を持たせていきたいです。最初は具体的な言葉で誉めるだけで十分ですが、子ども自身が自分の成功体験の何がどうだったかを理解できる時期になったら、「どういう理由で誉められているのか」も伝えてあげましょう。

論理性と言っても、難しく考える必要はありません。ものごとには必ず原因と結果があります。子どもの成功体験も然《しか》り。成長の陰にある理由や過程に注目してあげましょう。

「おもちゃを種類ごとに片付けるようにしたんだね。だからこんなにきれいなんだね」

「毎日早起きして練習した成果だね。よく頑張ったね」

何がどう良かったのかを伝えた後、このように成功体験の要因を分析してあげましょう。子どもは、結果に満足するとともに、自分の創意工夫や努力にも自信を持つことができます。

・まず誉める
・次に、何がどう良かったのかを説明する
・それはどういう理由や過程で起きたことなのかを伝える

要因に着目する手法は、誉めるときはもちろんですが、良くない結果が出たときにも使ってください。

「時間が短いと思って焦っちゃったね。急がずに落ち着いてやれば次はできるよ」

「昨日、夜更かししたからこんなに眠いんだね。夜は早く寝ようね」

「何でできないの」「早く寝ないからよ」と叱り付けるより、原因を語ってあげましょう。そのときには、どうすれば良くなるのかを付け加えることを忘れないでください。

・現実を把握する
・原因を探る
・解決策を打ち出す

解決策を子どもと一緒に考えるのもいいでしょう。「自分で決める」という自立心も育ちます。子どもは自分なりに結論を出せるものです。しっかりと導いてあげましょう。

おかっちキーワード

結果には必ず原因がある

習慣46

短所を直す親　長所を伸ばす親

人には誰でも得手不得手があります。「生まれつきの天才」である子どもだって同じ。長所と短所を併せ持っています。活発さ、読み書きの能力、体力、器用さ、コミュニケーション能力……。それらの特徴をひっくるめて個性ですが、わが子に劣っている部分があれば何とかしたいと思うのが親というもの。

「友達付き合いが苦手。うまく溶け込めるようにしたい」

「活発なのはいいが、落ち着きがない。集中力を持たせたい」

保護者からの相談の多くは、子どもの短所を改善したいというものです。

性格や特徴を把握する際によく使われるのが、図のようなレーダーチャート。クモの巣グラフとも呼びますね。多角形で表し、能力が高くなるごとに中心から離れていきます。

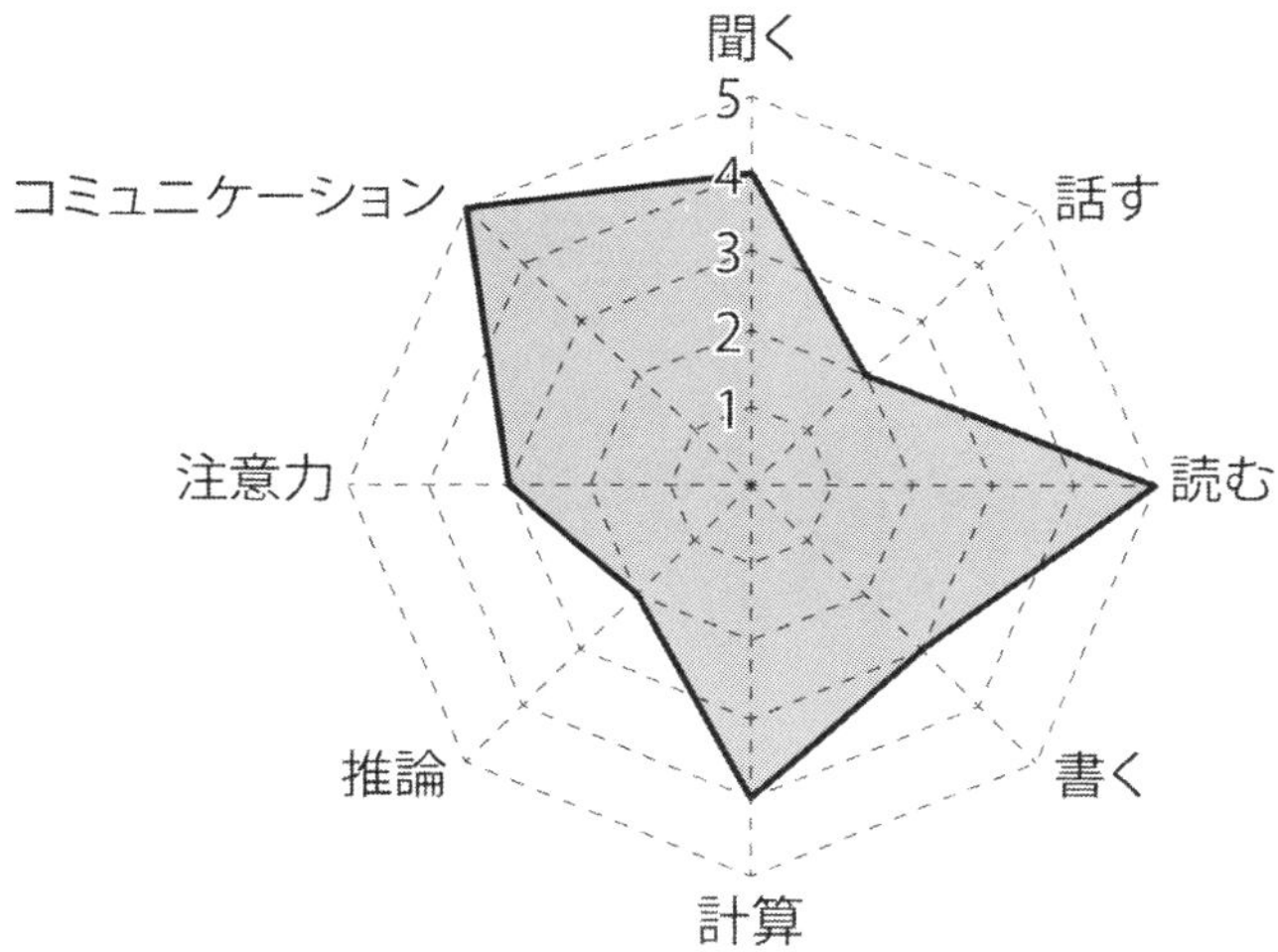
聞く
5
4
3
2
1
話す
読む
書く
計算
推論
注意力
コミュニケーション

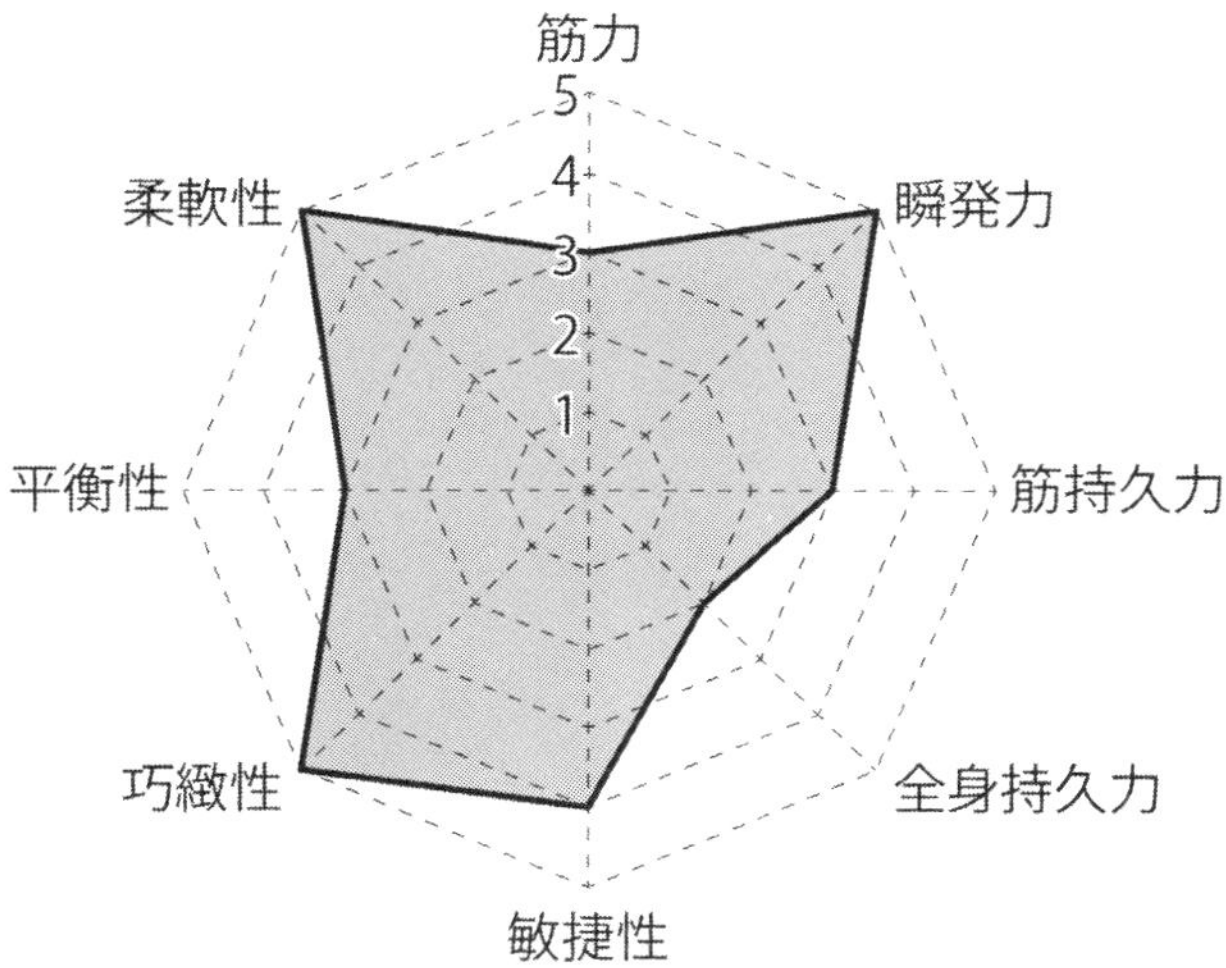
筋力
5
4
3
2
1
瞬発力
筋持久力
全身持久力
敏捷性
巧緻性
平衡性
柔軟性

このチャートの多角形を、なるべく大きく、均等にしたいのが親心。欠点を少しでも解消したいと思ってしまうものです。でも実際は、長所と短所が混在して、星形のようになっていませんか？

私は、星形でいいと思っています。しかし、星ならできるだけ大きな星にしたいですね。そのためには、短所を直すことよりも、長所を伸ばすことに重点を置くべきです。星形の頂点を外に引っ張れば、自然と星全体が大きくなります。

「それは図形の上での話だろう」と言う人がいます。しかし、こんな実例があるのです。

足は速いがボールコントロールが苦手な子を、「誰よりも走るのが速いね。ドリブルでそのスピードが保てたら鬼に金棒だね」と誉めてあげました。すると、その子は苦手だったボールコントロールを一生懸命練習して、とても素晴らしいドリブラーになったのです。

「大きな声で挨拶ができるってすごく良いことだね」と誉めてあげると、その一言がうれしくて学校でどんどん発表するようになった、というお母さんの喜びの声も聞きました。

スポーツ、勉強、生活習慣など、どんなことでもいいので、子どものストロングポイントを伸ばしてあげる。具体的な言葉で誉めることで、子どもの自信を引き上げることができます。そしてそれは、さまざまな子どもの可能性を引き上げることにもつながります。改善点を見つけるよりも、大きく子どもを伸ばせるのです。

短所は短所のままでも、星全体が大きくなれば、短所だって少しずつ改善していくものです。まるで、タコの足の先を引っ張ると、付け根の部分が広がっていくように。

私はこの「短所よりも長所を伸ばす」指導法を、タコの足になぞらえて「オクタントコーチング」と呼んでいます。成功体験を得ようとしても、ときには失敗をします。失敗のほうが多いことだってあります。そんなときに大切なのが、オクタントコーチング。失敗しても、良いところはしっかりと誉め、なぜ失敗したのか、どう改

短所を改善するには

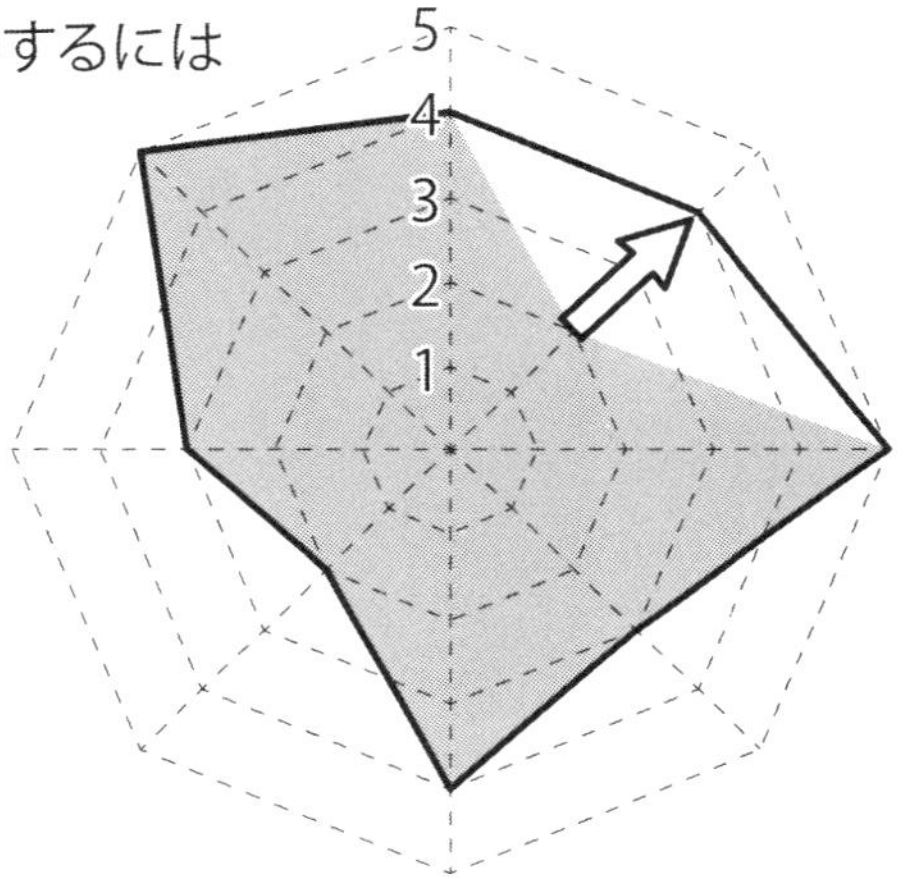

長所とともに伸ばす

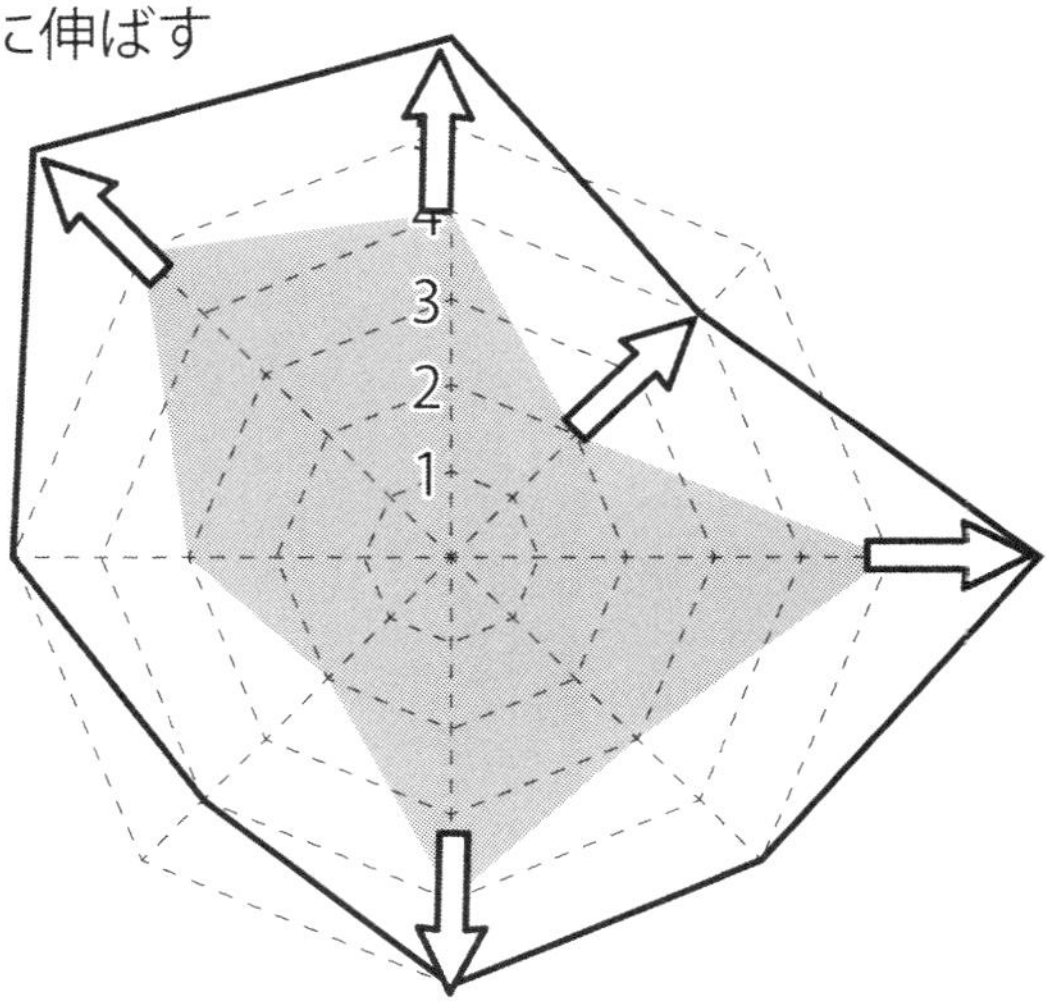

善したらいいのかのヒントを授けるのです。

成功体験は、待っていればやってくるというものではありません。親が意識して子どもを観察していれば、失敗の中に隠れているヒントを見つけることができます。そうしたら、しめたもの。子どもの長所を生かしながら、目の前の課題をどうクリアしていくのかを考え、子どもと一緒に取り組めばいいのです。

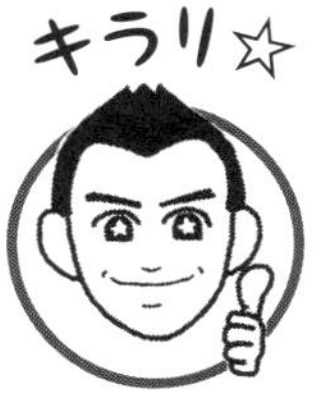

おかっちキーワード

短所も伸びる　オクタントコーチング

習慣47

できる親が必ず実践しているワンランク上の誉め方

1つの小さな成功体験が、その後の大きな成功へのきっかけとなることがあります。いえ、大きな成功の出発点には、必ず小さな成功体験があるものです。

サッカーを始めたばかりの子どもは、ボールリフティングが上手くできません。そのほとんどが、2、3回程度です。でもコツコツと続けていくと、やがて10回になり、30回になり……。1年もすれば、100回以上できるようになります。

成功体験の積み重ねは、子どもに自信や積極性を芽生えさせ、夢の実現へグッと近付く後押しとなるでしょう。そのためには、親の誉め方も工夫が必要です。徐々に成功の「質」を上げていく誉め方を知っておきましょう。

誉めるときのキーポイントは、先にも述べた

・何が良いのか（What）
・なぜ良いのか（Why）
・どのように良いのか（How）

に加えて、

・どのようにすればさらに良くなるのか

の4つ。それぞれに、具体性を持たせましょう。

「今日のプレーで、ゴール前にカバーに入ったのはとても良かったよ。あの場面で相手をフリーにしていたら、確実に失点していた。チームを救ったね。その後の押し上げがもっと早ければ、相手の二次攻撃も防げるんだよ」

「国語の点数が上がったね。特に漢字の書き取りを頑張ったね。字もきれいに書けてる。文章問題が難しかったかな？　一緒に読んでみよう」

成功したときは、何がどう良くて、どうすればさらに良くなるか。失敗したときは、何が原因でこうなったのか、どうすれば良かったのかの声かけを忘れないでください。

グッドをベターに。ベターをベストに。「頑張ったらできた」という成功体験の積み重ねがもたらす子どもの成長は、親の想像以上に大きなものです。

おかっちキーワード

具体的な言葉で、グッドをベターに、ベターをベストに

習慣48

親子が劇的に接近する方法

本書でこれまでに述べた「親子の会話」「誉めること」「成功体験」は、いずれも論理的思考をベースにしています。論理的というと、何だか難しそうで敬遠したくなる人もいるでしょう。でも実際は、身構えるようなものではありません。シンプルに言えば、「具体的に考えて伝える」。これだけです。

学生時代に英語の授業で5W1Hを習いましたね。いつ、どこで、誰が、何を、なぜ、どのようにしたか。これを明確にして会話の中に織り込むことが基本です。

まこと君が、テレビのチャンネルを変えたいときにお母さんと交わした、あの会話です。

「お母さん、僕はこれからテレビでサッカーの中継を見たいから、そこにあるリモコンを取ってくれる?」

このように具体性を持たせた会話を日常的に行うことで、子どもは考える力、伝える力を育んでいくのです。

しかし、日頃から具体的な会話をしていない「察しの良い」家族間では、即座に取り組むことは難しいでしょう。これは、親の話し方が大きく関わってくるからです。

そこで、ぜひ家族みんなで取り組んでほしいゲームを紹介します。

■問答ゲーム①

（質問者）〇〇は□□が好きですか？　嫌いですか？
（応答者）〇〇は□□が（好き・嫌い）です。なぜならば△△だからです。
題材はスポーツ、食べ物、遊び、季節、趣味、行事など、何でもＯＫです。
この問答ゲームには注意点があります。

・答えを無理強いしない
・答えを否定しない
・必ず誉める
・５Ｗ１Ｈを使う
・一人称の主語（僕は、私は、お父さんは、お母さんは）が入っていたら誉める
・最初に自分の考え、主張、結論を言う
・理由を述べる（意見には必ず理由を付ける）

結論を先に述べて、その後に理由を続ける話法がグローバルスタンダード。理由か

ら述べて最後にあやふやな結論が出る日本式とは正反対です。具体的な会話においては、このグローバルスタンダードの話法がとても重要です。「まず結論。そして理由」。具体的な判断基準を持つには、あらゆるものごとを真剣に見聞きして、考えることが必要です。この会話法を習慣付けるだけで、子どもの思考力や伝達力は飛躍的に向上していくでしょう。

おかっちキーワード

親子で「問答ゲーム」

習慣 49

できる親子の「カンタン会話法」

「結論＋理由」のグローバルスタンダードを身に付ける問答ゲームの次は、誉める力を育てるゲームです。

■問答ゲーム②

題材はスポーツ、食べ物、遊び、季節、趣味、行事など、何でもＯＫです。

ｉ）今日のネクタイはとても素敵ですね。
（なぜならば）青色のネクタイが夏空をイメージしていて、スーツとマッチして、とてもさわやかな印象を受けるからです。

ⅱ）私は○○の□□がとても（素敵、すごい、良い……など）と思います。
（なぜならば）△△だからです。
だから私は○○がとても（素敵）だと思います。

これには、

相手をよく観る

観察する

良いところに着目する

誉める場所を決める

どう良いのか考える

誉める言葉を考える

結論の後に理由を述べる

といった、コミュニケーションにおけるさまざまな要素が盛り込まれています。日常的に人を誉めると、真っ先に相手の良い部分が見えるようになります。子どもには友達作り、親にとっては職場のコミュニケーションなどの場面で、大きなメリットをもたらすでしょう。

誉める問答ゲームにはもう1つ、「誉めて伸ばす」ゲームもあります。

ⅲ）助かったよ。まこと君、お風呂掃除ありがとう。洗剤を使ってしっかり洗ってくれたから、隅々まできれいになってるね。今度は脱衣場もきれいにしてくれるとうれしいな。今日はお風呂掃除をしてくれてありがとう。

誉めると同時に、もう少し頑張ればできそうな目標も伝える。そして最後にまた誉める。

こういった会話をゲーム的に導入するだけで、子どもの向上心が刺激されます。「グッドをベターに」「ベターをベストに」する親子の会話法は、ぜひ問答ゲームで身に付けましょう。

おかっちキーワード

「問答ゲーム」を身に付けよう

習慣50

栄養、休養、そして忘れてはいけないもう1つは？

「健康三原則」をご存知でしょうか？　生活習慣の基本は、よく食べ、よく眠り、よく動くこと――栄養、休養、運動の3つを総称して健康三原則と呼んでいます。

栄養（食事）を摂らない、休養（睡眠）を取らない人はいないでしょう。いずれも欠けると即、健康に悪影響が出ます。では、三原則の最後の1つ、運動についてはどうでしょう？　運動しないからといって、ただちに健康を損ねたり、病気になったりする人はいません。そのために、特に家庭において軽視されてきました。

便利さの追求により、現代社会では大人も子どもも体を動かさなくなりました。交通機関が発達し、階段はエスカレーターに変わりました。徒歩通学がスクールバスに変わったところもあるでしょう。子どもの遊び場所も、野原や公園から室内へ。鬼ごっこや缶蹴りは、ポータブルゲームに取って代わりました。積極的に運動を取り入れない限り、今や日常生活で体を動かすシーンは皆無に等しい状況です。

体を動かすことと子どもの心身の発達は、密接に関連しています。体力の向上は精神面にも良い影響を与えます。何より、子どもは体を動かすのが大好きですから、運動すれば心が満たされていくのです。夢中で体を動かすので、知らず知らずのうちに体力も付いていきます。子どもをよく観察していると、どんな運動を得意としているか、どんな運動をしたがっているかも分かるでしょう。

ちょっと外に出て、子どもと体を動かしてみませんか。きっと、家の中では見られない輝きを見せてくれますよ。

おかっちキーワード

体を動かす楽しさを感じてみよう

習慣51

大木になる根をイメージする習慣の付け方

高さ100メートルを越え、樹高世界一と言われる米国・カリフォルニアの「コースト・レッドウッド」。根は、木の周囲28メートルにまで広がっているそうです。大木を支えるのは根。その根とは、人間に例えると何でしょう?

植物は、発芽の前に根を生やします。根が出た後に、初めて芽を出すのです。やがて芽が葉となり、茎が幹となる間に、根はどんどん広がっていきます。根を張ってこそ、樹木として成長できるのです。

根を張る時期は、人間で言うと幼児期・児童期にあたるでしょう。幼い頃の経験一つひとつが、地下に広がる根を作っていくのです。経験の中でも特に重要なものが、コミュニケーションと運動の2つです。

コミュニケーションとは、言うまでもなく親子関係のこと。ゲームに熱中し親と目を合わせない子どもや、曖昧な会話に終始する環境で育った子どもは、コミュニケーションの根が広がりません。空間も瞬間も親と共有し、視線を合わせて会話のキャッチボールがしっかりできる子どもは、この根が深く広く伸びていきます。

そして、もう1つ大切なのが、この時期の運動です。運動は、生涯を通じて人の健康維持に欠かせない要素。とりわけ、幼児期・児童期の発育過程においては、その重要性が高くなります。基礎的な体力はもちろん、俊敏性や器用さなども含め、運動経験を重ねているか否かで、発育が大きく変わります。運動神経は、天性のものではありません。幼い頃に、どれだけたくさんの運動を経験するかが鍵となります。

コミュニケーション能力も運動能力も、放っておいて勝手に身に付くものではありません。親が意識して子どもと触れ合い、さまざまな体験をさせてあげることで、人間の「根っこ」が大きく広がっていくのです。

おかっちキーワード

幼児期・児童期に「根」が育つ

習慣 52

リアクションスポーツがなぜ大切なのか？

もっとも手軽な運動と言えば、走ること。健康志向が高まる中、マラソンやジョギングなどは、多くの大人が愛好しています。子どもの習い事では、水泳や体操などがポピュラーです。これらの運動は、体力向上や成功体験には申し分ないのですが、せっかくですからもう少し欲張って、コミュニケーションを取り入れてみてはどうでしょう。

先ほど挙げた水泳やジョギングなどを「アクションスポーツ」と呼んでいます。「走る」「泳ぐ」といった、シンプルなプレーの継続により、体力と技術、ペース配分が身に付きます。しかし、進む方向が一定なので、顔を見合わすこともなければ言葉を交わすこともない。1人でもできるし、人数が増えたからといって、内容が変わるものではありません。ですから、運動の中でのコミュニケーションは生まれません。

アクションスポーツとは逆に、相手がいて、その動作や状況に応じてプレーの内容が変わるものがあります。それが「リアクションスポーツ」。ほとんどの球技や武道などがこれにあたります。1人のプレーはほとんどありません。相手やチームメイトとの関係性により、自分の動きを判断します。目と目を合わせることが多く、コミュニケーションも生まれます。特にボールを使ったスポーツはチームで行うものが多く、コミュニケーションを磨くのに最適です。

アクションスポーツしか経験していない子どもに出会うことがあります。本人からそう聞かずとも、大抵の場合見分けられます。書かせた住所や名前、直線や円などのバランスが悪いので、すぐに分かるのです。どんなに運動能力が高い子でも、アクションスポーツしか経験していない子どもは、空間認識や手先の器用さで劣ってしまいます。

神経系の器官の発育は、ゴールデンエイジまでにほぼ終わってしまいます。器用さを身に付けるため、小学生時代までにリアクションスポーツをたくさん経験させてあげましょう。

おかっちキーワード

目と目と合わせる運動を

習慣53

なぜボール運動嫌いが多いのか？

相手の動作や状況に応じてプレーするリアクションスポーツには、ボールを使うものが多く、ボール運動＝リアクションスポーツと言っても差し支えないほどです。誰もが経験する小学校でのボール運動といえば、ドッジボール。実は、このドッジボールが原因で、ボール嫌いになる子どもが増えています。

今この本を読んでいる8割ぐらいの人が、おそらく頷《うなず》いたことでしょう。ドッジボールを楽しめるのは、参加者のうちの2割程度。力が強くて運動神経の良い子は終始プレーできますが、体力がない子や運動が苦手な子は、ボールを当てられて終わりです。コートの外でもボールを拾えず、稀《まれ》に目の前に転がってきたボールを持っても、身体能力の高い子に「パス」と言われたら、渡すしかない。数十分のプレー時間の中で、ほんの一瞬、ぶつけられる瞬間しか参加できないのです。

私は、このドッジボールのことを「排除型ボール運動」と呼んでいます。一度排除される側になった子は、ほぼ参加することなく排除され続けます。ボールを当てられた痛みとともに、プレーに参加できない苦痛を感じながら、6年間の体育の授業を過ごすのです。これがトラウマになって、ボール運動どころか、運動そのものを嫌いになるケースが多いのです。

子どもは本能的に、「転がる」「跳ねる」「丸い」ボールが大好きです。上手く使えば、投げる力も心肺機能も、走力も付けることができます。さらに、コミュニケーション能力やリズム感も鍛えられ、成功体験を得ることも容易なのがボール運動。しかし、ドッジボールで排除されることにより、ボール嫌いになってしまうのです。

子どもの成長は千差万別。晩成型の子どもは、その才能を開花させる前にボール嫌いになってしまう。これは大きな損失です。

排除型ボール運動から、誰もが楽しめる「1人1個ボール運動」へ。次の【習慣】では、私が考案した「おかっちボールコミュニケーション（ＯＢＣ）」についてお話しします。ボールがなくても大丈夫。ティッシュを丸めてもできますので、安心してページをめくってください。

おかっちキーワード

本当は楽しいボール運動

習慣 54

失敗を笑顔に変えるボール運動を発明しました！

本能的にボールが好きな子どもと、ボール運動をする。せっかくやるなら、楽しくて、体も脳も健康になって、コミュニケーションも取れるボール運動がいい。「おかっちボールコミュニケーション（ＯＢＣ）」は、そんな発想から生まれました。

ＯＢＣで使うボールは、何でもＯＫ。大きさ、色、素材、何の制約もありません。丸めたティッシュでも構いません。ただ、子どもは「弾む」特性も大好きですから、ボールのほうがいいでしょう。

ボール運動だからといって、ただキャッチボールをするだけではありません。キャッチボールで脳が働くでしょうか？　ボールを捕って投げる。これは繰り返しのドリルになっていて、作業と同じ。脳は働きません。

ＯＢＣは、キャッチボールにも工夫を凝らします。例えばボールを投げる側が「動物」と言って投げて、捕る方が動物の名前を言って捕る。「野菜」と言って投げたら、野菜の名前を言って捕る。こうすることで、「投げる」「捕る」という2つの要素に、「聞く」「考える」「答える」という3つの要素が加わります。

複数の動作を並行して行う。あるいは、見たり聞いたりした合図から思考、判断、行動の動作を瞬時に行う。単純なキャッチボールに1つのルールを加えることで、急に難易度が上がり、面白さが出てきます。ボールを投げる、球筋を予測する、捕る、といった右脳への刺激に、五感、記憶、理解、計算などの左脳への刺激も加わります。たちどころに「脳が発達するボール運動」へと変化を遂げるのです。

失敗しても大丈夫。「野菜」と言われたのに「水牛」と答えてボールをキャッチしたら、それはそれで笑い飛ばせばいいのです。実際、私の行うボール運動教室は、毎回笑顔と笑い声にあふれています。場所は狭くてもかまいません。目の前の相手とボールを投げ合うだけでも、五感を刺激するとこんなにも夢中になるのかと驚くでしょう。

ＯＢＣには、１人でもできるメニューがたくさんあります。２人、３人と人数が増えると、さらに面白くなります。人数ごとの代表的なメニューを１７５ページからご紹介しますので、すぐにでもお子さんと試してみてください。インターネット上でＯＢＣ動画もご覧いただけます。きっと、今までとは違う反応が見られるでしょう。

おかっちキーワード

いつも笑顔のＯＢＣ　失敗しても大丈夫！

習慣 55

ほら！ ここにも成功体験が！生活へOBCを取り入れる習慣

子どもにとって、成功体験は心身を成長させる栄養。毎日でも与えたいところですが、「観察→誉める」のパターンで変化を探し続けるのは、実は結構大変です。おかっちボールコミュニケーション（OBC）は、その成功体験をいつでも作ることができるボール運動です。

OBCはサッカー、バスケットボール、バレーボールのような競技とは異なり、一家に1個のボール、1人に1個のボールがあれば、「さあこれから運動するぞ」と身構えなくても始められます。スポーツウェアに着替える必要はありません。柔らかいボールを使えば、室内でも行えます。傍にあるボールを1個手に取り、1人で投げ上げる、2人ならキャッチボール。その中に「足踏みしながら」や「相手の問題に答えながら」などのルールを設けるだけ。わずかな時間、数分間の空き時間

でさえ、ボール1個あれば楽しく遊べるのがOBCです。

小さな子どもであれば、「ボールをできるだけ高く投げて、降りてきたらキャッチしよう」というチャレンジもいいでしょう。上手くできたその瞬間が、成功体験です。一緒に喜んで、誉めてあげましょう。1分でも時間があるのなら、合図したらボールを投げる、投げたボールをヘディングで返すなど、親子でボール運動を楽しんでください。

子どもは、体を動かせるのと同時に、クリアできたメニューを成功体験にできます。そして何より、親と一緒に運動できることの喜びが大きいのです。親にとっても、子どもとコミュニケーションを深める絶好の機会。本当に、1分でもいい。できれば毎日、子どものボール運動に付き合ってあげましょう。

　OBCは、遊びの要素を取り入れながら、見る（観る）、聞く、話す（声を出す）、触るなど五感にアプローチするボール運動です。投げる、捕る、載せる、突く、転がす、乗る、座る、蹴るなど、数多くの運動ができます。子どもには、できるだけ多くの運動を経験させてあげましょう。多面的な運動から、巧緻性《こうちせい》（器用さ）を得られます。巧緻性を高めることで、ゴールデンエイジの間に、一回りも二回りも大きく成長できるのです。

おかっちキーワード

親子の絆　OBC

習慣56

ＯＢＣが持つ驚異の力とは？

おかっちボールコミュニケーション（ＯＢＣ）は、身体的な運動効果だけでなく、脳への刺激も得られます。動くボールを目で追うことでの空間認識。足踏みや片足立ちなど、複数のアクションを同時に行うことでの神経経路の活性化。じゃんけんや問答を取り入れることでの判断力や知覚へのアプローチ。これらの刺激はすべて、脳に届いています。

ボールや相手をよく見ないと、クリアできない。しっかり聞かないと、間違えてしまう。これらのメニューを織り交ぜて、ボール運動の最中は常に脳が「研ぎ澄まされた（アラート）状態」を作り出すのです。アラート状態の子どもたちは敏感です。瞬時の判断、アクションのために、最大の集中力を発揮します。

子どもは集中力を持続させるのが難しく、小学校低学年ではせいぜい15分と言われます。私の指導する子ども向けのボール運動教室には、たくさんの幼稚園児や小学生が参加しています。その時間は、約90分。子どもたちはものすごい集中力でボールを追い、仲間や私の言葉、アクションに注目します。「みんな聞いて」と言わなくても、「じゃあ次は……」と切り出した瞬間に、子どもたちはいっせいに私のほうを向いて耳を傾けます。

子どもは、本当は集中力があるのです。集中力を出せない環境にいるだけなのです。長いときは2時間、ボール運動教室を行います。子どもたちは息を切らし、汗だくになりながら、「もう終わり？　もっとやろうよ」と口にします。集中していると、2時間なんてあっという間なのです。

ボール運動で、アラートの状態、集中する時間を作ると、子どもたちはいずれ「集中する」という感覚が理解できるようになります。大人が「集中しなさい」「こっちを見なさい」「静かに聞きなさい」と言わなくても、自然にその状況を作り出せる。ボール運動には、そんな魅力もあるのです。

おかっちキーワード

「アラート」が生む、子どもの集中力

習慣57 コミュニケーションを忘れない運動 それがOBC！

ボール運動教室はもちろん、サッカースクールでも、私はトレーニングの中にボール運動を取り入れています。サッカーの練習であっても、ときには手を使ったパスだけでゲームをします。蹴る、走る以外のアクションも、子どもにとって大切なトレーニングだからです。脳を働かせる問答を取り入れることも、しばしばあります。

「子どもが最近、自分から勉強するようになった」という声を、保護者からよく聞くようになりました。その理由が、どうやらボール運動に勝つためらしいということも。2人1組のボール運動で、投げる側の出すお題に即座に答えるメニューがあります。「動物」と言われたら、ボールをキャッチする前に「ゴリラ」などと答えるものです。お題は動物に限らず、花、果物、野菜、地名などいくらでも作れま

す。しりとりでキャッチボールをすることもあります。

ゲームに勝つためには、たくさんの言葉を知っておくことが必要です。子どもたちは自ら、知識の獲得に動くようになるのです。これが学習の第一歩。目的は何であれ、自分の意志で学び始めます。

親子でのボール運動なら、学校で習っていることをテーマにしてみましょう。勝ちたいと思う子どもの気持ちは、そのまま学習意欲につながります。親にとっても、子どもが学校でどんなことを学んでいるのかを知るチャンスです。日々の会話が、もっと具体的で分かりやすいものになると思いませんか?

ボール運動にコミュニケーションをプラスした、おかっちボールコミュニケーション（ＯＢＣ）。親子の距離をグッと近付けると同時に、子どもの友達作りや学習意欲向上にもつながります。ボール1個で変わる世界を、親子で体験してみてください。

おかっちキーワード

子どもは、楽しければ自分から学ぶ

習慣58

【1人1個】必ず必要なもの

人間が生きていく上で最も大切なのは、健康です。健康三原則「栄養」「休養」「運動」を毎日取り入れるのが理想ですが、先に述べた通り、運動が軽視されているのが現状です。毎日運動する人は、ほとんどいない。毎日どころか、週に1度運動をする人すら少ない。中にはウオーキング、ジョギングをしている人、ジムに通っている人もいますが、全体の数％に過ぎません。

子どもの運動環境にも、変化が起きています。体育の時間以外で運動やスポーツをする時間が、1週間で60分未満という子どもが増えています。2014年度に文部科学省が行った全国体力テストでは、中学2年生女子の21・8％が1週間の運動時間が60分未満。そのうちの67・9％は、運動時間ゼロでした。中2女子全体だと、7人に1人が運動時間ゼロなのです。

運動する子としない子の二極化が、顕著になってきています。文科省は、文化部のクラブ活動にもトレーニングなどの形で運動の機会を盛り込もうとしていますが、具体的な方法や頻度などについては触れていません。果たして、それは可能なのでしょうか。

もっと身近に「いつでも」「どこでも」そして「楽しく」「継続できる」運動が必要です。日常生活にボール運動。これこそ、国民の健康に大きく寄与《きよ》するものでしょう。「1人1個のボール運動」で、運動嫌いの子どもも運動好きになる。大人になっても、何歳になっても続けられる。身体も脳も活性化させるので、健康維持や認知症予防にもなります。

ボール1つから生まれる健康づくり、成功体験、コミュニケーション。ボール運動は、工夫次第であらゆる世代のあらゆる目的に合わせて使える、無限の可能性を持ったものなのです。

キラリ☆

おかっちキーワード

OBCで生涯の健康を

習慣59

「3つの魔法」の習慣で、さあ、あっさりとできる親子になろう！

この本の前半で、「あなたが子どもだったら、今の自分に育てられたいですか？」と聞きました。答えはさまざまだったと思います。迷った人も多かったでしょう。今、改めてお聞きします。

「あなたが子どもだったら、この本を読み終えたあなたに育てられたいですか？」YES。今のあなたは、子どもにとって理想の親なのです。子どもを伸ばす、輝かせる親としての道を歩んでいるのです。この本には、子どもを伸ばす「3つの魔法」がかけられていました。

1つ目は「誉める」。誉められると子どもはどんどん輝きます。「もっと誉められたい」と、積極性も生まれます。誉められることが成功体験の原点となり、心身ともに大きく成長していきます。

私は「ほめる」という字を書くとき、「誉める」を使います。「褒める」ではなく「誉める」。「誉」の字を分解すると「光」と「言」に分かれます。子どもを光らせる言葉なのです。「誉める」はコミュニケーションと成功体験の第一歩。これを忘れないでください。

2つ目は「具体的な、わかりやすい会話」。誰が何をどうしたいのか、なぜそうしたいのか。誰の何がどういう理由で良かった（悪かった）のか、どうすればもっと良くなるのか。

こういった会話を、親子の間で当たり前に交わしてください。親にとってそれは、子どもをしっかり観るということ。子どもにとっては、ものごとを正しく把握し、自分の意見としてはっきり伝えるということ。コミュニケーションの質が格段に良くなります。

3つ目は「運動」。それも「脳が発達する運動」です。体を動かしながら五感を刺激し、右脳左脳とも鍛える運動。それがボール運動なのです。短時間で毎日できる。普段着のままで場所を選ばずにできる。1人でも2人でも、たくさんの人数でもできる。失敗しても楽しい、笑えるのがボール運動なのです。親子で笑い合える運動をぜひ取り入れてください。

さあ、3つの魔法を覚えました。魔法ですから品切れはありませんが、効果は長く続きません。だから毎日使いましょう。効果が切れる前に、次の魔法をかけてあげましょう。子どもは必ず、光り輝きます。

おかっちキーワード

「3つの魔法」でしあわせ家族

OBCワールドへようこそ！

おかっちボールコミュニケーション（OBC）は、場所や人数を問わず、誰でも気軽に取り組めるボール運動です。ボールの大きさは問いません。軟らかいボールがおすすめ。丸めた紙などでも代用できます。すぐに取り組める、代表的なメニューをご紹介します。

OBCのメニューは、facebookページ「おかっちボールコミュニケーション（OBC）」、NPO法人スポーツクラブNICEホームページでもご覧いただけます。
https://www.facebook.com/ocacci
http://www.nice-soccer.net/

1人でOBC

1人で行うボール運動は、ボールの扱いに不慣れな幼児や、初心者、高齢者でも楽しめるメニューが豊富です。難易度は自由に調節できるので、子どもの成功体験獲得にもぴったり。その場でできるものから、思い切り体を動かせるものまで、シンプルながら奥深いメニューを用意しています。

- ボールを投げ上げ、落ちてくるボールをキャッチするまでに手を叩く。叩く回数を増やしていく。慣れてきたら、歩きながらやってみよう。

- ボールを投げ上げ、落ちてバウンドしたボールの下をくぐる。(弾むボールでやること)

- 軽く投げ上げたボールが落ちてきたら、頭に当てて高くとばす。

- 片手で投げ上げ､反対の手でキャッチ。(右手から左手、左手から右手)

- ボールを投げ上げ､その場で1回転してキャッチ。(右回り、左回り)

- 投げ上げたボールを背面でキャッチ。

2人でOBC

2人で行うOBCは、相手とのコミュニケーションが必要なメニュー。身体的なアクションと同時に、考えながら「脳を働かせる」動作が増えてきます。集中力アップや、判断力、思考力のトレーニングにも役立ちます。しっかり目と目を合わせてボール運動を楽しんでください。

・背中合わせに立ち、頭上と股下でボールを受け渡す。(逆回りも行う)

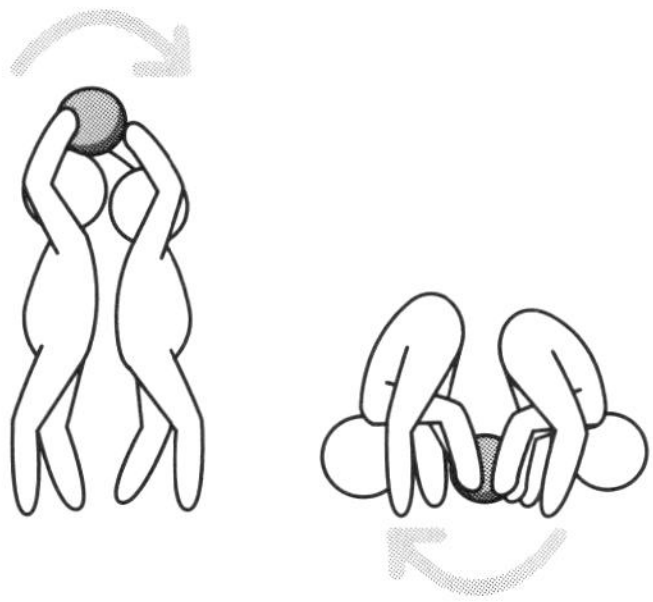

・背中合わせに立ち、体をひねってボールを受け渡す。(ボールが8の字に回るように)

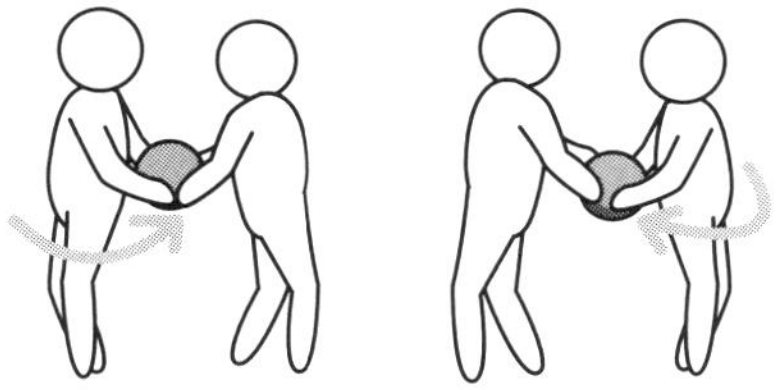

・2人の間に置いたフラフープの中にバウンドさせてキャッチボール。

・ボールを２つ使い、１つはノーバウンド、もう１つはワンバウンドさせてキャッチボールをする。

・ボールを投げる側がじゃんけんの「グー、チョキ、パー」いずれかの手を出す。受け手はその手を見て、勝てる手を言ってキャッチ。（負ける手を言ってキャッチするパターンも）

・ボールを投げる側がじゃんけんの「グー、チョキ、パー」いずれかを言う。受け手はそのじゃんけんに勝つ手を言ってキャッチ。（負ける手を言ってキャッチするパターンも）

・ボールを投げる側が「野菜」と言ったら、受け手は野菜の種類（例:ピーマン、ニンジン）を言ってキャッチ。「動物」と言ったら、動物の種類（例:カンガルー、ゴリラ）を言ってキャッチする。

・ボールを投げる側が「右」と言ったら右手でキャッチ。「左」と言ったら左手でキャッチする。（小さめのボールで）

3人以上でOBC

・1人1個のボールを持ち、輪になって、右手で持ったボールを右隣の人の左手に渡す。同時に左隣の人から、左手でボールを受ける。（落とさず続ける。逆回りも行う）
上記の手順を、ボールを投げて行う。

・5人以上で2個のボールでパス回しを行う。

OBCの動画は以下のURLでご覧いただけます
https://www.facebook.com/ocacci
http://www.nice-soccer.net/

おわりに

昨年、子どもの「投げる力」が低下していると話題になりました。文部科学省の調査によると、50年前と比較すると、10歳男子の体格は向上しているのに、ソフトボール投げの記録は6ｍも低下しているのだそうです。昔は、あちこちでキャッチボールをする親子を見かけたものですが、今はほとんど目にしません。スポーツといえば野球ばかりだった時代と今とは違います。逆に、蹴る力は上昇しているのかもしれませんが、調査項目に「蹴る力」はなく、あるのは「投げる力」で、その低下だけが問題視されています。

投力だけにこだわる理由があるのでしょうか。投げる力が強いに越したことはありませんが、それよりも、運動好きで生涯健康でいられる子どもを増やしていくことのほうが大切だと、私は思います。そこで考え付いたのが、いつでもどこでも、ボール1個あれば楽しく体を動かせるボール運動**「1人1個ボールプロジェクト」**です。

ボール運動のヒントはサッカーにありました。他の球技と違い、サッカーの練習では子どもたちが必ず1人1個のボールを使います。トレーニングメニューも1人1個のボールでこなすものが多く、自然と子どもたちはボールに触れる機会が多くなります。みんなボール好き、運動好きなのです。

小学校ではハーモニカやリコーダー、そろばんなどを1人に1個持たせます。いずれも、子どもたちが自分のレベルに合わせた練習でスキルアップすることを前提にしているためです。しかし、ボールを1人に1個持たせる教育をしている学校は、見たことがありません。

小学校でのボール運動といえばドッジボール。本書でも触れましたが、ドッジボールは体力のある一部の子どもがボールを独占してしまうゲームです。4月生まれの子どもと3月生まれの子どもでは1歳近い年齢差があります。特に低学年では体格差、体力差が如実に現れ、力の弱い子は痛い体験、排除される体験ばかりを味わうことになります。本来は「面白い」「楽しい」はずのボール運動なのに、成功体験を得る前にボール嫌いになってしまう子どもの何と多いことか……。

私は、高校教員として体育の指導をしています。生徒たちの半数は「ボール嫌い」で入学してきます。彼らもまた小学生時代に、ドッジボールで痛い、辛い思いをした子どもたちです。私は、授業の中にもボール運動を取り入れています。そして、ボール嫌いの生徒たちに、ボール運動の楽しさを伝えています。彼らは夢中でボールを追い、笑いながら体を動かしています。

ＮＨＫテレビの幼児向け番組に「おかあさんといっしょ」があります。この番組では体操のお兄さんと子どもたちが、ジャンプしたり転がったり、回転したりといったアクションをしている映像が流れます。ボール運動をしている場面は、見たことがありません。また「おかあさんといっしょ」という番組名ながら、画面にいるのは子どもたちだけで、お母さんと一緒ではありません。親子のコミュニケーションと多面的な運動、成功体験の得られるボール運動をどうして採用しないのかと、いつも残念に思っています。

小学生以下の子どもたちだけでなく、中高生や大人、高齢者でも楽しく取り組めるボール運動。**「１人１個ボールプロジェクト」**から生まれるボール運動を、国民的な健康増進プランとして普及させたいのです。

ボール運動の楽しさを伝え、チルドレンファーストの親子関係を築いてもらいたい。ボール運動の普及で、幼児から高齢者まですべての国民の健康に寄与したいと願い、本書を執筆しました。講演会やボール運動教室でお話させていただき、多くの保護者から「子どもとの関係が劇的に良くなった」

「もっと早く気付けば良かった」と声をかけてもらえるようになりました。

たかがボール、されどボール。ボール1個で子どもの未来が大きく開きます。いつまでも若々しく、健康的な人生を送ることができるのです。

明るく！　元気で！　ハツラツと！「おかっちボールコミュニケーション」が、すべての人々に健康と笑顔と幸せをもたらすことを祈って。

二〇一五年四月

岡本　真

岡本　真（おかもと まこと）

1963年広島県尾道市生まれ。幼少期よりサッカーを始める。広島城北高校から国士舘大学へ進学。宮澤ミシェル、柱谷哲二らと'82年全日本大学サッカー選手権大会優勝。卒業後はフジタサッカークラブでプレー。'88年には広島県代表として国民体育大会で優勝。現在はNPO法人スポーツクラブNICE理事長。【子どもを伸ばす3つの魔法】と題した子育て支援事業講演会を全国各地で行う。論理的思考力やコミュニケーション力を向上させることが、スポーツや学習など、あらゆる場面で子どもたちのスキルアップに繋がることを説いている。現役の高校教員でもある。
日本サッカー協会公認A級コーチジェネラル
日本サッカー協会公認A級U-12コーチ

2か月でみるみる変わる！
できる親子コミュニケーション59の習慣

2015年5月5日　初版第一刷

著　者　岡本 真
発行人　財津 正人
発行所　株式会社本分社　http://honbunsha.jp/
〒730-0051
広島県広島市中区大手町3-8-3 今井ビル2F
電話 082(259)3925　FAX082(259)3926

発売元　株式会社コスモの本
〒167-0053　東京都杉並区西荻南3-17-16
電話 03(5336)9668　FAX03(5336)9670

印刷・製本　中央精版印刷株式会社

Printed in Japan ISBN978-4-86485-020-9 C0077